● 內心全方位觀察中

臉上在微笑 心裡在尖叫

從瞳孔到腳尖，
你全身上下都是破綻！

佳樂、許奕廷
—— 編著

一本看穿對方
每個瞬間的心理密碼

目錄

語言，道出內在的「天機」

舉止奧妙，隱藏著素養

小動作，反映著意願

愛好，區別著個性

看透親友，生活中的賽局

社交，領悟對手生存策略

心理戰術，職場中的對決

明辨愛情，對方背後的真實情感

前言

生活在這個世上，每天都要處理人和人之間的問題，然而，千人千面，人心隔肚皮，你能瞬間破解對方內心深處隱藏的祕密嗎？

相信大部分的人都曾為此感到為難，到最後往往會被一些表象所迷惑。要知道，固然每個人都可能給我們假象，但可以透過他的表情、服飾、說話、姿態等瞬間破解他內心深處的祕密。只有深入到他的內心，才不會對他做出錯誤的判斷。

尤其是當我們和一個人初次見面時，我們很難知道他到底是一個什麼樣的人，這時候就要懂得讀人、識人的技巧了。那些表面上給人一種很平和感覺的人，說不定是別有用心的人。人最怕的就是被一些表象所迷惑，只有深入到對方內心的深處，才能瞬間知道他所隱藏的祕密，不會被他的一些假象所欺騙。

當然，能一眼看穿對方的內心是不容易的，但只要我們在與對方的相處中，仔細地辨別他的一舉一動，我們就能真正地明白他到底是一個什麼樣的人。

這世上這麼多人，卻沒有完全相同的人。這就更要求我們會讀人、識人了。而讀人、識人並不是只看到他的外觀，要想破解那個人內心深處的祕密，就要能讀心、識心。

人最難得的就是能看穿對方的內心，而對方的內心是讓人難以捉摸透的。你難以想像，你面前的那個人到底是一個什麼樣的人，說不定他現在給你的印象很好，你和他相處下去，發現他比你想像的差多了；說不定面前的人讓你毫無感覺，你和他相處下去，發現他很不錯，是一個很優秀的人，你絕對不能錯過。

然而，面前的人到底是一個什麼樣的人呢？我們往往沒有足夠的時間去充分了解，這時候就有必要一眼就能看穿對方的內心，確保他是否值得我們深交。這樣，才不會交了損友，讓自己受傷。而世上的人很多，即便眼前的人不是我們想交往的，說不定下一步就能遇到知心的人。關鍵是在芸芸眾生之中，我們要能精挑細選出那些值得往來的人。這時候，當和他們還不熟悉時，就要能瞬間破解他們內心的祕密了。

任何只注重外觀的人到最後往往會感覺被欺騙，只有深入對方的內心才能確保那個人到底是個什麼樣的人。他的一顰一笑、他的眼神，都能傳達出他內心的祕密。我們要透過這些細節來揣摩他的內心，破解他深處的祕密。要知道，這些看似微不足道的小現象，往往隱藏著大祕密。你現在不去觀察，如果你和他繼續相處，之後你會發現他會出現同樣的問題。就像是兩個人因為好感而閃婚，但閃婚後難免會發生問題。任何事只憑感覺往往會出現差錯，只有一眼破解對方的內心，才能知道對方到底是個什麼樣的人，是值得自己結交還是遠離。

願我們不要草率地對某個人下定論，要能一眼看穿他的內心，破解他深處隱藏的祕密。這樣，我們才不會輕易受騙，才會有知心的朋友。

本書正是基於這些方面，教會你如何透過某個人的外觀一眼破解他的內心。從而做一個讀人、識人的高手，在這個社會上得以更好的生存、發展，不至於浪費太多的時間被某個人的外觀所迷惑。

第一印象，對方是哪種人

我們在認識一個人後，會有第一印象，我們能從那片刻的寒暄中知道對方是什麼樣的人嗎？

我們有必要看透對方的內心，確保之間是永遠的陌生人，還是應該交往下去。

怦然心動之人有魅力

走在大街上，人來人往，有的人讓我們毫無感覺，有的人讓我們怦然心動，對於那些怦然心動之人，你要注意了，他反映出來的氣質無不讓你吸引。至於有的人為什麼會心裡發熱，有的人會漠然地走過，這就是所謂的緣分。

❖ 怦然心動之人他和我們有著相吻合的性格、愛好

所謂道不同不相為謀，那些讓我們為之心動的人，往往也會對我們有所感覺。你便可以得知，如果你喜歡一個人，慢慢地那個人也會喜歡你，如果你打從心底討厭某一個人，你們之後很難會有交集。當然，要經過時間的磨礪。這怦然心動的第一印象雖然可能注定一生，但畢竟一生中遇到的人很多，有緣在一起的卻是少數。

❖ 怦然心動之人在你心中是很有魅力的

你可能見過很多人都毫無感覺，忽然有一個人走在你眼前，你心裡為之一動，即便在別人心中那個人很普通，在你的內心他卻是很有魅力的。他的涵養、他的外貌都讓你深深著迷，如果你和他拉近關係，你可能發現屬於你們之間不一樣的精彩。

❖ 怦然心動之人在佛學中和我們是有緣分的

所謂「前世的五百次回眸，才換來今生的擦肩而過」，那個怦然心動之人有可能會走進我們的生活，帶給我們悲喜，也可能一輩子就只有一次見面的機會。佛說：「今生種種，皆是前世因果。」，所以一旦有好好相處的機會便要珍惜。

❖ 初見時驚豔，再見未必亦然。怦然心動之人可能只是一時的第六感

有的人，在初次見面時讓我們感到驚豔，一旦見面的次數多了，就可能感到索然無味了，這可能就是我們的「第六感」，第一印象良好，但接下來並不會擦出火花。這樣的人是多如牛毛，而一面之緣便會深深地影響著將來，這樣的人卻是少之又少，如果你去觀察，一生中能讓你這樣忘懷的人大概只有一兩個，至於其他讓你怦然心動的人大部分只是匆匆而過。

❖ 無論是否有結果，都要學會接受

我們一輩子見到的人太多了，無論初見時是什麼印象，如果日後之間有著磨合，無論最終的結局如何，都要學會接受。緣來緣去、聚散離合，順其自然為妙，強求反而不可。

來看一則故事：

有一個二十五歲的女孩，她很有才華，長得也如花似玉，但她至今仍是單身，她回答別人的理由很簡單，她沒有遇到讓她怦然心動之人。她常幻想在街上遇到一個讓她心跳加速的人，然後牽起他的手步入婚姻的殿堂。有一天這位美麗的女孩在大街上被一位有魅力的男士深深吸引，她從來不知道世上還有這麼完美的男人，然而只是擦肩而過，女士又嘆了口氣，覺得他們之間不再有可能。只是幾個月後，他們又在同一家公司碰面，女孩覺得他們之間的緣分實在是太奇妙了，便大膽的展開追求。不過，很遺憾，男士已經另有所愛。留給女孩的只剩初見時的驚豔，而他的魅力深深地倒映在腦海。

我們會從第一印象判斷出對方大概是一個什麼樣的人，尤其是那些令我們心猿意馬的人，我們會想知道他的很多，但難以知道他的所有。

我們要深入他的內心，才能看出他內在的反應。那些對我們置若罔聞的人，可能只會最終歸於陌生，那些不經意間地看我們幾眼，如果你主動地去追求，說不定之間有一段轟轟烈烈的故事呢！

一個人的外在顯而易見，內在的氣質卻值得去琢磨。第一印象只是給一個美好的判斷，要想看穿內心，還需要去滲透。

身體的距離是心的距離

當在搭公車的時候，如果人少的話，人們都會坐在座位上，如果人多擁擠成一片，難免會有陌生人與陌生人之間身體上的接觸。不過，此時人們通常會選擇與他人背靠著背站著，身體緊繃，眼睛望向窗外，深怕不小心碰到他人。

不光是在公車上，當在電梯裡時，由於人多也會形成擁擠的狀態。這種擁擠的狀態難以改變，但人與人之間卻顯得漠然，畢竟是陌生人。陌生人之間會像隔著一堵牆，誰也難以觸及對方的內心。

這些便是身體上的距離，還有心理上的距離。心理上的距離會透過身體上的距離的靠近來展現。

美國人類學家霍爾（Edward T. Hall）說：「人與人之間的身體距離代表著相互之間的心理距離。」

我們來看看常見的四種距離：

❖ 親密距離

當兩個人之間的距離在零點四五公尺之內，那麼說明這兩個人的關係不一般，有可能是情侶、密友、家人、同事等。

對於初識的兩個人，他們之間的距離會在這個範圍之外。

❖ 公共距離

這個距離是兩個陌生人之間的距離，一般來說，公共距離的範圍在三點五至八點三公尺之間，但這一距離並不適合人際間的溝通。你會在大街上看到，一個人走著走著，會有很多人在這些距離範圍之內，但都是陌生人，也難以談得上有心的距離。

❖ 個人距離

這是在日常工作和生活之中，他人可以進入的範圍，個人的距離在零點四五至一點二公尺之間，是一種沒有身體接觸的中間距離。熟人的距離可以接近到零點五公尺，陌生人的距離控制在一點二公尺顯得較安全。

如果個人的距離被打破，就會讓人產生壓迫感，自己也會發生抗拒的動作。我們要盡量不去打擾他人的個人距離，以免讓別人反感和疏離。

❖ 社交距離

社交的距離在一點二至三點五公尺之間，適用於初次見面的人，如與新來的同事相處、與店員之間的相處、與郵差之間的相處等。

這些社交的距離發生在社交的活動中、外交的會談、商務的談判等。

當然，身體上的距離代表著心理上的距離，如果刻意保持距離，是存在排斥的心理，如果主動地去靠近，是顯得比較親密。而身體的距離不僅受個人意念的影響，還會受到地區、文化等的影響。

來看一則故事：

有一對來自羅馬的年輕夫婦，移民到了澳洲的首都坎培拉，為了儘快地和當地的居民親近，他們參加了一個當地人舉辦的俱樂部。但是，在一個月之後，俱樂部的成員卻說那位妻子和俱樂部的男會員靠得太近，似乎有著不正當的曖昧關係，那位丈夫和俱樂部的女會員靠得很近，似乎也傳達著讓人不可捉摸的情思。基於這一點，俱樂部的成員決定派代表與這對年輕夫婦談談，當代表說明了來意之後，羅馬的那對夫婦感覺到很吃驚，在羅馬很常見的社交距離，在坎培拉卻會讓人產生誤會。

在不同的文化碰撞時，人與人之間的距離也會變得複雜，南歐的一些國家對個人的距離大約為零點二至零點三公尺，澳洲的對個人的距離大約為零點四公尺，所以一個人到澳洲保持著零點二至零點三公尺的個人距離，便會讓澳洲人產生誤會。明白了這些距離，才能了解對方文化的差異和不同人之間的關係。

經常遇到的七個瞬間

我們與某些人交往可能只是隻言片語，在初次見面時，要抓住不由自主、不受思考控制的瞬間真實反應。不忽略這些，才能深入對方心理，獲得真相。

我們來看看常見的七個瞬間反應：

❖ 抬頭的一瞬間

當人自我感覺良好，或取得成功之時，往往會把頭高高抬起，此時下巴會比平時高很多，這個瞬間表明了此刻優越的心理。

人們會在受到讚美、讚賞之時，流露出這種天生的優越感，即使會做得不露聲色，他抬頭的這一瞬間，便可以看出他內心的真實感受。

❖準備逃跑的一瞬間

在遇到危急之時，通常會做兩件事情，第一件事情是深呼吸，第二件事情是儲備逃跑的能量。儲備能量是我們內在的反應，為了逃避不利的狀態，我們會先呼吸一口，然後迅速盤算出逃跑的路線，以使讓自己及早得到安全。

❖害羞的一瞬間

害羞不但是少男少女的專利，還是成年人的權利。當遇到心儀的對象時，會不由自主地臉紅心跳，同時還會不好意思地把頭低下，以掩飾自己此刻的心理。

當遇到了一個人害羞，就能明白他可能對你動情了。

❖發怒的瞬間

我們在第一次和別人交流之時，無法保證溝通順暢，說不定會引起對方的憤怒。在對方發怒時，要妥善的處理，才能避免初次見面以干戈收場。而當對方的臉色變化時，要知道他在發怒了，要抓住這一瞬間的反應，並且及時地轉變話題，以免帶來不必要的禍端。

❖ 放鬆的瞬間

當你和一個陌生人第一次交流時，看到對方不安的情緒，要知道這些話題無法引起他的興趣。當你看到對方顯得非常自信、自在時，就表示你談論的內容是他熟悉和愛好的領域。如果想和他關係進展下去，從他放鬆的這一狀態深下功夫吧！這會讓他覺得很自在，為你們之間的交往打下良好的基礎。

❖ 眼神不自然逃離的一瞬間

當我們受到負面的刺激時，眼神會下意識地從負面的刺激逃離，但又擔心因為逃離引起對方的注意，所以在逃離的瞬間後，又會轉為正常。我們要能看到對方這一眼神逃離的瞬間動作，這表明他此時有愧疚、心虛的心理。

❖ 呆住的一瞬間

當遇到意料之外的事情時，我們的眉毛會挑起、眼睛會睜大、嘴巴會張開，同時整個人出現驚訝的樣子並瞬間地呆住。在呆住的這一瞬間，並沒有其他任何動作。

來看一則故事：

對於佳恩來說，能在新公司得到上司的認可是她最大的期望。這天，上司突然把佳恩叫到辦公室，讓佳恩感到不知所措。上司說：「妳最近的表現不錯，不過……」在說到這時，上司明顯看到佳恩瞬間的呆了一下，就笑笑說：「妳再加倍努力的話，下個月我就把妳調到臺北分部。」佳恩一聽，頓時放鬆了下來，露出了歡欣的笑容。

這瞬間地呆住表明一個人的驚訝和期盼，特別是在與陌生人的交流之中，如果對方出現了這個瞬間的動作，表明他對我們有所期盼，要一眼看穿哦！

瞬間的反應還有很多，要做一個讀人、識人的高手，還要從各個方面第一眼就洞穿別人的內心。這會讓你一眼就知道對方是什麼樣的人，從而破解對方的內心。

人類六種通用情緒和表情

在美劇《謊言終結者》中，有一位世界級頂尖的測謊專家——卡爾．萊特曼，他能透過對方的面部表情、肢體語言、說話言辭判斷出事情的真偽。他認識的人中不乏各界領袖、名人，還有社會的各階層人物，他能透過第一眼看出一個人是否在撒謊。

這在心理學上認為，無論一個人的表情是多麼豐富、複雜，他背後隱藏著相同的面部表情。

可以得知，不管一個人身分、地位、長相如何，他的表情特徵卻是相同的。我們來看看六種人類常見的通用情緒和表情：

❖ 愉悅

在人類遇到高興事的時候，會產生快樂的感受，此時緊張的情緒會得到緩解。想想，在我們升學考試後，終於考取了夢寐以求的大學；在職場上，終於得到了升遷加薪，這會讓我們有一種愉悅的展現。

這種愉悅的表現為：嘴巴稍微閉上，鼻子向兩側慢慢拉伸，眼角向下，雙眉變得平行而舒展，前額的皮膚是平坦的，面容帶著笑紋。透過這些就能明白，他現在的心情很不錯。

❖ 悲傷

人和哺乳動物都會有悲傷的情緒和表情。之所以會出現悲傷，是因為沒有達成目的而造成的一種負面的影響。想想，在你為了某個職位日以繼夜的忙碌著，到最後卻徒勞無功；在你遇到上司的責罵；在你的親友遇到災禍；在你的伴侶和你一刀兩斷，這都會使你產生悲傷的情緒。

悲傷情緒的外在表現為：嘴巴向外咧、緊閉或下拉，眼神流露出哀傷，眉毛收緊，雙眼閉合哭泣等。

❖ 恐懼

恐懼在於對周遭環境有不確定因素，而產生的無法逃避的情緒，是人和動物生理或心理的一種強烈的反應。恐懼與愉悅是不相同的，愉悅是令自己快樂的刺激，恐懼則是讓自己逃離危險的一種不快樂的情緒。想想，當發生了自然災害會恐懼萬分；當父母生病危在旦夕會恐懼萬分；當一個人走在漆黑的大街上想著魑魅魍魎會恐懼萬分。

恐懼是一種正常的情緒反應，它的表現為：嘴巴張大著，表情驚慌，呼吸急促，眼神中帶有哀怨並看著危險來源，鼻孔會變得脹大，雙眉開始緊蹙。隨之有可能產生冒冷汗、激動、大哭、大笑，甚至休克等嚴重的情形。

❖ 驚訝

這是一種常見的表情情緒，是在聽到意外的消息，看到突發的事故，本能地做出的一種反應。例如，當聽到熟悉的人不幸離世的時候，會一雙眼睛睜得很大，嘴巴也張開；當忽然被陌生人從背後摟住，也會震驚；當中了幾百萬的獎金，也會驚訝地高興起來。

不管是好的還是壞的，人們都會做出驚訝的面部表情和情緒，此時的表現為：眼睛睜大，以便確定事情的真偽；加速呼吸，是因為聽到了噩耗；嘴巴張大，是因為不相信事情是真的；眼瞼和眉毛微抬，下顎下垂也是驚訝的表情。如果是好事，會帶著笑意雙眼發亮；如果是壞事，會帶著痛楚，眼神無光。

❖ 憤怒

當一個人受到阻礙、挑釁時，會產生緊張、失去理智的行為，這便是憤怒。想想，當一個人還是嬰兒的時候，如果父母阻擾他拿他感興趣的東西，就會流露出憤怒的情緒；當上司要求你完成一件事，你卻沒有準時完成，上司會產生憤怒的情緒；當領地受到他人的侵犯時，也會憤怒地要與之一決高下來保護自己的領地。

憤怒的表現為：嘴巴張大，眼神中充滿焦慮，眉毛下垂，前額會緊皺，面部的肌肉會產生變化。要是憤怒時無法達成所願，就會產生恐懼了。

❖ 厭惡

每個人都會遇到一些讓自己討厭的東西，遇到這些就會反感，就會產生厭惡的反應。想想，如果有一個人從你身邊走過，他身上散發著臭臭的味道，你便會對這個人產生厭惡之意；當你在看書的時候，有一個人在你身邊大吼大叫，讓你無法專心，你也會產生厭惡的反應；如果你很愛乾淨，偏偏有一個邋遢的人和你肩並著肩，不停地摩擦你，你也會產生厭惡。

厭惡的表現為：嘴巴略微張開，上嘴唇往上抬，眼睛瞇著，牙齒咬緊，眉毛下垂，將臉轉向別處。

握手時手心出汗是內心不平靜

有些國家的見面禮儀是擁抱、摩擦鼻子等，初次見面通常會透過握手達成相互間的認識。握手是遠古時代就遺留下來的一種禮儀，在遠古時候，兩個部落的人相遇，會伸開雙臂，攤開雙手，表示手裡沒有武器。握手會因國家、信仰、民族不同呈現不同的方式，美國教育家、作家海倫．凱勒（Helen Adams Keller）說：「在我接觸的手之中，都有著表現性，有的人的手握起來冷冰冰，就像凜冽的北風一樣，這樣的人是想拒人千里；有的人的手握起來像感受到了陽光，這樣的人讓人倍感溫馨。」海倫．凱勒沒有視覺、聽覺，卻能透過握手感知對方的內心世界。

握手蘊含著豐富的資訊，我們一起來看看：

❖ 握手時顯得軟弱無力，潦草行事，說明他對你沒有興趣

在一個人與陌生人或他人握手時，如果他沒有誠意，握手會顯得軟弱無力。尤其是在商業談判中，出現這種握手形式只是在打發你，此時你有必要考慮換一家公司合作了。

❖ 採用擠壓的握手方式，是彌補內心的不自信

當一個人看起來軟弱無能，為了宣告自己的力量，這個人會採用擠壓的握手方式，以彌補內心的不自信。我們要注意這一動作，對方採用這種握手方式是軟弱無力、缺乏主見的表現。

❖ 表達恭敬的握手方式

人們會為了表示對他人的尊重，在握手的時候將手掌翻轉過來，同時手心向上，將控制權讓到對方手裡，這是一種表達恭敬的握手方式。人們在向他人致歉時也會採用這種握手方式。

❖ 支配性的握手方式

在兩個人握手時，一方為了顯示自己的支配性，會在握住對方手的時候迅速地翻轉手心，把手掌朝下握住對方，這會給對方一種強烈的感覺。據專家分析，有百分之八十八的男性和百分之三十一的女性會採用這種握手方式，這種握手方式展現出欲望強、向對方表現強勢的感覺。

❖ 勢均力敵的握手方式

當兩個人勢均力敵時，在握手時為了壓制對方都會使出渾身的力氣，最後的結果是兩隻手緊緊地握在一起。這種現象多出現在兩個國家元首見面之時，會為了不向他國示弱及尊重他國，採用這種手掌垂直地面的勢均力敵的握手方式。

❖握手的站姿能展現優勢與否

在兩個人進行握手之時，由於站立位置的不同，也會有不同的優勢或被動。人們會選擇正確的站立，以便在握手的時候顯得比較有氣勢，占主導地位。國家元首會因為站姿的失誤，被對方置於不利的局面。我們在與他人拍照的時候，也要把他們的站姿留在畫面的左側，這樣會給他人留下先入為主的概念，留下良好的印象。

❖長時間握住對方的手是有熱情或控制欲

在兩個人初次見面時，如果一個人長時間地握住對方的手，一則顯示出了這個人對交流的熱情，另一則顯示出了這個人有較強的控制欲望，以便不讓對方轉移話題或中途逃跑，便於自己把話說完。

❖握手時手心出汗表示內心不平靜

兩個陌生人第一次見面時，難免少不了握手的動作。當一個人緊張、內心不平靜之時，他的神經和肌肉會進入興奮的狀態，血液會從手掌的外部表層細胞轉向腿部或手臂的肌肉之中，從而會致使手部的溫度降低，手心會出汗，給人一種手變得冰涼、潮溼的感覺。表面上看對方顯得泰然自若，其實對方情緒激動，一副平靜的外表之下掩藏著一顆極其不平靜的心。

我們來看一則故事：

彼得是一位著名的刑警，他能透過握犯罪嫌疑人的手來判斷對方是否有作案的可能。他的手勁很大，目光也很犀利，如果犯罪嫌疑人有犯案的話，在與彼得握手時，內心會馬上感到不安，加上情緒緊張，會由此轉移到手上，手心開始出汗。彼得就會透過這一微小的線索判斷出對方的心理，從而有助於下一步對案件的審問和調查。

人在緊張、情緒激動時會手心出汗，這會在握手時得以展現。

以上的八種握手方式會暴露出對方真實的內心，只要仔細體會，就能瞬間破解陌生人在握手時的心境。

吞咽口水是不安下的掩飾

通常在一些刑警偵破案之中，警官會對犯罪嫌疑人進行心理上的探究。這和犯罪嫌疑人第一次碰面，如何才知道他們是一個什麼樣的人呢？這時候的刑警往往會比較高明，設計一些場景，從犯罪嫌疑人吞咽口水的動作就可以知道他內心隱藏的祕密。

關於這一點，我們來做進一步的剖析：

我們知道，在咀嚼食物時難有說謊的可能，而在咀嚼食物之後，有吞咽口水的過程，這是不受心理控制的一種複雜情緒。與咀嚼食物相比，吞咽口水更能反映一個人的情緒變化。

在正常情況之下，人要做一次吞咽口水的動作並不容易。因為完成這一動作需要很多東西，例如，口水、口腔、舌頭、食管、多器官運動，只有這些都協調，才會完成這一動作。而人在通常情況下，是很少做這些無用動作的。但是在情緒波動的時候，做這個動作也就顯得順理成章。在人受到負面刺激以後，會情不自禁地進行吞咽口水，以便獲得心靈上的安慰。

來看一則故事：

有兩個犯罪嫌疑人甲和乙，他們有一個是殺人兇手，不過他們倆都說自己是無辜的。警方在面對這一案件之時，不知如何下手，便邀請了讀心神探丙先生來一探究竟。丙先生決定利用負面刺激來判斷甲和乙誰是兇手。

首先，丙先生找來一個人假扮成算命先生。把算命先生、兩個嫌疑人、幾名員警約到一間審問室裡。這時算命先生拿著一件東西，在那裡搖頭晃腦地不知在說些什麼。丙先生仔細觀察了甲和乙，發現乙有明顯的緊張情緒。過了十幾分鐘，算命先生停住手中的動作，把眼睛睜大，說：「我知道你們誰是兇手了，你還是招了吧！」這時，丙先生又看到乙吞咽了一下口水，便可以斷定乙就是兇手。果然，乙顫抖著地招認了。

丙先生是如何發現乙在說謊的呢？因為算命先生讓乙產生了緊張、恐懼的心理，所以乙會不由自主地吞咽了一下口水，抓住這個細節便可以斷定乙是兇手了。

要知道，吞咽口水是由刺激引起的，是人緊張時的一種自我的安慰反應。據專家研究，吞咽口水的動作不僅發生在人們恐懼之時，還會發生在人們尷尬、興奮之時，所以就有必要更好地來探知當事人內心真實的想法了。

這會讓你第一眼就看穿對方的內心，透過這個情緒變化，瞬間地解讀陌生人。

說謊時的八種微反應

在第一次與人見面之時，對方會透過言語反映出他的內心。無論他怎麼掩飾，我們都要在第一眼見到他時就知道他的內心，讓他的謊言不攻自破。

下面我們來看看說謊時的八種微反應：

❖ 觸摸鼻子

人們在鼻子發癢時，會很自然地觸摸鼻子，這沒有任何感情色彩，但當在兩個人溝通之時，如果有一個人下意識地用手在鼻子邊緣摩擦幾下，那麼要注意了，雖然有時只是輕微地觸摸，但也反映出他此時的內心狀態。他用手觸摸鼻子是在掩飾自己說的謊言，傾聽者要對他此時說話的內容表示懷疑。

據美國的科學家們發現，人們在說謊時會有一些相應的化學反應，例如鼻腔內部的細胞會腫脹，會用手下意識地觸摸鼻子。人們在撒謊時血壓會上升，會鼻子腫脹，神經末梢傳出刺癢的感覺，人們就會用手摩擦鼻子來掩飾這些。

❖ 手指放在嘴唇之間

小孩子們會喜歡蠕動自己的手指，這是希望得到安全感的一種渴望。對於成年人，如果把手指放在嘴唇之間，表明此時因為說謊內心受到了壓抑，想透過手指放在嘴唇間的動作得到安全感。這會讓說謊者露出馬腳，聰明的辦案高手都會從這一方面著手。

❖摩擦眼睛

在我們看電視的時候，如果看到恐怖、血腥、暴力的場景，會很自然地用手遮住眼睛，特別是小孩子會有這一動作。這是因為不想看見某件東西。對於撒謊者，會用手摩擦眼睛，企圖不讓別人看到他內心的惶恐不安。

在摩擦眼睛這一方面上，男性和女性是有不同的。男性在撒謊的時候，會用手用力的揉眼睛，如果是大謊言，會把眼睛轉向別處；女性在撒謊的時候，會用手在眼睛的下緣觸摸一下，如果是大謊言，會把眼轉向一邊，以避開別人的目光。

❖摩擦頸部

當撒謊時，面部與頸部的神經組織會產生刺癢的感覺，人們會透過摩擦這一動作來消除這種不適應。在與人相處時，如果說話者出現了摩擦頸部這一動作，就要注意了，他此時有事情在隱瞞你，不妨開門見山地說：「我喜歡和坦誠的人來往！」、「有話就直說吧！」、「你能把剛才的話重複一遍嗎？」

❖ 腳的動作

第一次見一個人，可以從他的腳看出他在撒謊。如果他站立時不停地改變腳的重心，坐著時腳不停地抖動，那麼這是在告訴你——他說謊了。

❖ 上肢的動作

你和一個人不熟悉，他和你初次見面，當然會對你有所防備。如果他不由自主地抱緊雙臂，是不想受到你的攻擊，也說明他在言不由衷了。

❖ 雙腿的動作

在說謊的時候，一個人會緊張，生怕被別人看穿，他雙腿的動作便透露了他的內心。如果你發現他雙腳繃緊，稍微顫慄，雙腳看起來麻木，那麼，說明他在撒謊了，企圖不讓你看穿。

❖ 用手遮嘴的動作

人們在說謊時，會下意識地用手遮嘴，這是在掩蓋說謊的真相，如果你仔細留意，有的人會用幾根手指遮嘴，有的人會把手張開遮嘴，無論是何種動作，都表明他此刻在撒謊。他還可能在遮嘴的時候故意咳嗽，以蒙蔽對方的雙眼。

昱宏和初安在談論一件事情，初安說下個月會幫助他升為公司部門的經理，但在初安說這一句話時，她下意識地用手遮了嘴巴一下。昱宏並沒有看出其中的奧妙，還對初安感激涕零，央求她一定要幫忙。

但是，下個月之後，升為公司部門經理的卻是另有其人。昱宏找到初安要求給個解釋，初安雙手一攤說：「我也盡力了，只是沒有為你爭取到罷了。」

昱宏要是能夠明白初安當初的那一動作，就不會對此信以為真了。

人們會透過各種動作讓別人看穿他們在撒謊，雖然對一個人不了解，他的這些微動作就反映出了他的內心。我們要見微知著，不要被對方「良好」的第一印象所矇騙了。

先觀其面，映射內心

人們常說「相由心生」，面部的表情便會透露出內心的奧妙，無論是眼神、鼻孔，細微的變化便欺騙不了人。

我們要會琢磨臉上的表情，不被這些真假的臉譜所迷惑，要看穿內心，了解到內心掩飾下的面具。

瞳孔放大表明其興奮

瞳孔的變化是無法自主控制的。瞳孔的放大與收縮，真實地反映著複雜、多變的心理活動。仔細觀察別人的瞳孔，你能發現他內心的祕密。

簡要介紹幾種：

❖ 瞳孔放大表示感到興奮

如果你與一個人談話時，對方的瞳孔擴大到比平常大四倍。這就表明此人正感到愉悅、喜愛、興奮。

❖ 瞳孔縮小表示心情鬱悶

一般來說，一個人心情鬱悶的時候，瞳孔會縮小，這表明他此時正感到厭惡、疲倦、煩惱。

❖ 瞳孔沒變化表示覺得無聊

假如一個人的瞳孔沒有任何變化，則表示他對自己看到的事物漠不關心或者感到很無聊。

下面就「瞳孔放大表示興奮」舉一個故事：

奕翔是一家公司的銷售主管。最近，他正在與一家大公司談判商務。談判對象是一個非常難搞定的客戶。他一而再，再而三地要求把整體價格降低百分之十二，並且還威脅如果不打折，就不再合作，會去找另外一家更加強勁的對手。

談判對象的威脅確實讓奕翔的心裡愣了一下。他很清楚現在市場競爭非常激烈，能談下一個單子著實不容易。此時，如果降價了，那麼對公司來說無疑會造成很大的損失；如果不降價，那麼這筆生意可能就做不成了。

正在奕翔猶豫不決時，一起參加談判的銷售副總卻斬釘截鐵地說：「不降價！願意就簽，不願意就拉倒！」說完，還擺出一副無所謂的表情。

這使奕翔感到困惑不解，認為副總這樣做太冒險了。他本想阻止副總，但讓他沒想到的是，他還沒說出口時，對方就答應簽約了。

為此，公司還特意舉辦了一個慶功會。在慶功會上，奕翔舉起酒杯說：「副總，真是太佩服你的膽量了！」

副總說：「說實話，我沒有那麼大的膽識，光靠膽子，什麼生意都得虧，什麼單都拿不下來。」

奕翔更加詫異地問：「那我就真的不懂了，如果不是您的氣場壓住了對方，他怎麼會跟我們合作呢？您是不是有內線啊？」

副總喝了一口酒，大笑說：「也可以這麼說。但是，我用的內線可不是那種商業間諜，而是對方的身體。也許，你沒有注意到，在我跟他們第一次洽談業務的時候，他們就已經對我們的專案很感興趣了。那時候我仔細地觀察了他們的反應。我發現他們看我們的專案時，眼睛越來越亮，瞳孔放大。那一刻，我就斷定，這次我們一定能夠吃定他們。果然，在我堅決不退讓的情況下，他們乖乖地就範了。他們說的另外一家更強勁的公司，只不過是一個幌子，其實他們非常害怕失去我們。」

奕翔聽後恍然大悟。

可見，在與別人洽談時，如果不注意對方瞳孔的心理密碼，很可能會被別人嘴裡說出的「不」所唬弄。

而一般上來說，人的瞳孔在黑暗的地方會放大，在明亮的地方會縮小。但一些心理學家經過研究得出這樣的結論：人的瞳孔不只受光線強弱的影響，還受心情的影響。心理狀態的變化也會使瞳孔放大或縮小。

美國曾有項實驗：選擇男女兩組受試者，分別給他們放映五張幻燈片，五張幻燈片的內容有嬰兒、懷抱嬰兒的母親、男性裸體照片、女性裸體照片和風景畫，並對受試者的瞳孔進行攝影記錄。結果顯示瞳孔放得最大的是看異性裸照的時候，瞳孔放大了百分之二十，而且男性和女性瞳孔放大的程度沒有分別。

此實驗表明瞳孔的放大與縮小，雖然只是微小的動作，但是透過這種變化能夠非常準確地判斷出一個人的心理活動及其變化情況。當感覺神經受刺激，或在強烈的心理刺激下，或者見到自己特別感興趣的東西，瞳孔就會不由自主地迅速擴大，這種反應在心理學上被稱為心理感覺反射。

明白了這些，就能從對方的瞳孔中看出他內心的祕密了。

鼻子冒汗代表內心焦慮

相對其他的面部器官，鼻子上的表情語很少，但經過身體語言專家的研究，鼻子上也有著自己豐富的語言。我們可以從對方鼻子細微的變化中探知對方的內心，我們一起來看看：

❖ 鼻子變「胖」了，是心起了變化

如果發現對方的鼻子變得腫大，多半是因為對方此時內心有不滿的情緒，也表示著對方正在承受著壓力。人們的鼻子變「胖」是憤怒或者恐懼的表現。

在人處於緊張或憤怒之時，就會因為呼吸急促、心律不整等致使人的鼻子變「胖」。此時還要仔細分析鼻子變胖的起因是興奮還是緊張引起，以便判斷。

❖ 皺起的鼻子，厭惡的心

當人的鼻子皺起，再加上表情嚴肅，說明此時的厭惡之情，也透露了對眼前人的不屑和自身的傲慢。我們要注意看他的鼻子，即便是臉上帶著笑容，言語誠懇，如果鼻子皺起，則代表他的不屑和厭惡。

❖ 摸鼻子的動作是撒謊

美國科學家發現，當人們在撒謊的時候，會有一種化學物質，這種物質會引起鼻腔內部細胞的腫脹，從而使鼻子脹大，致使神經末梢有刺癢的感覺，人們便會透過摸鼻子來緩解這一症狀。

❖ 心情複雜的鼻子「變臉」現象

在正常情況下，鼻子的顏色與周圍皮膚的顏色相一致，只是心理變化之時，鼻子會產生「變臉」的現象。

這種「變臉」，會在尷尬、猶豫不決時出現，鼻頭出現變白的現象。要捕捉這一表情語，看到對方鼻子泛白是因為尷尬不安、猶豫不決。

❖鼻子冒汗代表著內心的焦慮

在夏季炎熱的時候，有的人會鼻頭冒汗，這只是一種天氣的現象，而當人在心情煩躁、緊張、羞愧時，如果出現了鼻頭冒汗的現象，則要好好地去琢磨了。

成俐和貞映是同事也是好友，她們還合租了一間房。一天，成俐去老闆的辦公室匯報工作，敲了幾下門都沒人回應，成俐就悄悄地推開了門，看到老闆正在和祕書接吻，這一幕讓三個人都感到很尷尬。晚上下班回到家，成俐把這件事情告訴了貞映，並說不要張揚這件事，不要讓第五個人知道。貞映答應了。但是過了幾天，成俐聽到公司裡的人都在議論這件事情，覺得奇怪，猜想一定是老闆和祕書的這件事被貞映傳了出去。又回到家後，成俐質問貞映，只見貞映支支吾吾，同時鼻尖冒汗，成俐便什麼都知道了。

人會在緊張、焦慮、害羞的時候鼻頭冒汗，我們要琢磨不同情境下的這一鼻頭冒汗的表情語，以便斷定當事人的真實心理。

失落時微笑是外柔內剛

很多女性都給人一種柔弱的感覺，但她們真的是柔弱的嗎？如何去辨別她們呢？透過她們的微笑可以辨別她們的內心。這裡舉一些經常看到的笑，來辨別她們的內心：

❖ 內心受傷時仍能笑出來的女性剛強

此類女性在遇到困難時能表現的從容不迫，此類的女性不容易服輸。與此類女性相處能夠看到未來的曙光，在她的鼓舞與支持下內心也會變得更堅強。

❖ 失落時仍能微笑的人外柔內剛

我們都認為女性才會外柔內剛，其實男性也有的人是外柔內剛。怎樣辨別哪些內向的男人是外柔內剛呢？這時候可以透過他們的微笑來辨別他們的內心，那些失落時不經意間微笑的人內心強大，能走出痛苦的深淵。而要是遇到不高興的事總是大哭一場，往往心靈脆弱，成不了大事。

❖笑有很多種，好笑的人和微笑的人不一樣

有的人笑時甜甜的，給人一種如沐春風的感覺；有的人笑的方式讓人感到很不對勁，就像是笑裡藏刀。對於那些不同種類的笑，我們有必要明白，善意的、好意的笑往往會給人帶來舒適的感覺，讓人感覺很難堪的笑往往不是友好的笑。我們要透過笑這一表情辨別他人的真實想法，明白什麼樣笑容的人值得我們去結交，什麼樣笑容的人需要我們去遠離。這樣，才不會被傷害，才容易找到和自己志同道合的人。

❖笑的相反面也是一種解脫方式

愛微笑的人讓人很舒適，但愛哭泣的人就說明她的內心一定很脆弱嗎？也不一定！愛哭泣的人往往是女性，她們之所以哭是為了釋放心中的不滿，但哭後就會微笑著面對接下來的生活。而要是沒日沒夜地哭，白天哭，夜晚也哭，這樣的人就有可能是心靈脆弱了。當然，這樣很愛哭的人很少會有知心朋友，因為她整天哭哭啼啼，她自己不煩，別人都覺得厭煩，很難再有心思再去開導、勸解她。所以，人應該少哭，多笑一些，剛強一些，未來會可觀一些。

❖ 愛笑的人心態很陽光

如果一個人總是微笑，那麼，說明他的心態很陽光，不會為一些雞毛蒜皮的小事而煩惱。這一類的人，即便有可能不會做成大事，但他們的人緣很好，起碼別人能夠從他的身上看到快樂和希望。與這一類的人相處，耳濡目染，我們也會變得心態陽光，不會動不動就大哭一場。

下面就「失落時微笑」來進一步說明：

有一個人問心理學家：「有一個女同事，經常會發現她時常地笑一笑，尤其是在面對難題時，她總是以微笑去面對。這樣的女同事是個什麼樣的人呢？以我對她的了解，她很柔弱，但面對困難的事情她怎麼能笑出來？」心理學家這樣解釋：「這一類的女性表面上看似很脆弱，其實，她們的內心是強大的。她們能夠承受冷落和打擊，能夠坦然地面對一切如意和不如意。與這一類的女性相處，性格也變得剛強，不會輕易被打倒。」

外柔內剛的人更容易在社會上謀取生存，因為社會競爭是那麼激烈，處處都有強勢對手，如果總是和別人針鋒相對，只會兩虎爭鬥必有一傷。而懂得外柔內剛，修練自己的靈性，別人才不會和你刻意爭奪，你才能劫後逢生，內心變得強大。

這種內心強大的人是讓人敬佩的，也是讓人放心的。外柔內剛的人即便會受到傷害，也不會讓別人時刻懸著心。與外柔內剛的人交往，我們的內心也會變得強大。與外柔內剛的人交往利大於弊，千萬不可抱著自私目的，如果你傷害了那個人，他能走出痛苦的深淵，不過，你和他之間的情分將不再。

遇到這類人，請去珍惜。失落時的微笑能化解他的不快，會讓你放心，會讓你們彼此之間信心百倍，看到未來的美好。

在乎你的人會為你哭

在你的身邊，總會有一些人，你哭泣的人時候他也哭泣，你微笑的時候他也微笑，這樣的人是值得珍惜的，因為，他很在乎你。同樣，在乎你的人也有其他的類型，這裡舉一些他們的常態：

❖ 在乎你的人會關注你的所有

不在乎你的人根本會對你不屑一提，你過得好他不會在乎，你過得不好他也不會留意。只有在乎你的人才會關注你的各方面，哪怕是細微末節，都會讓他思考良久。

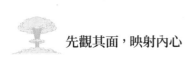

❖ 為你哭泣的人說明他真的很在乎你

一個人從沒有為你哭泣，但偶然的一次因為你讓他流了眼淚，說明他真的很在乎這件事，確切地說是在乎你這個人。為你流淚的人要去珍惜，不為你流淚的人很難會在乎你。

❖ 經常主動聯絡你的人是在乎你的人

有些人我們不去聯絡他們，他們就不會聯絡我們，這時候，就要明白了，這些人並不在乎你，隨著時間的推移，只會從朋友到陌生人。而那些會時不時想起你、「騷擾」你的人，他們真的很在乎你，隨著時間的推移，你們之間的情誼仍不會褪色。

❖ 說出讓你傷心的話的人很在乎你

在乎你的人會毫無保留地說出他對你的看法，無論你的優點還是缺點，他往往會不經意間和盤托出。面對這樣的人，我們要知道，即便他有時傷害了我們，他也是無意的，是因為他很在乎我們。

❖ 在背後說你好話的人很在乎你

在乎你的人往往不會在你眼前誇你多麼好，他往往會在別人面前談到你的好。其實，這樣的人心裡是在乎你的，希望你發展得更好。我們要明白這樣潛在的人，看到他的內心，和他成為朋友，因為他是關注你的，並不會透過一些花言巧語來迷惑你，而是讓別人知道你的好來讚揚你。

下面就「在乎你的人會為你哭」作進一步的詳解：

有一個人急匆匆地跑去問心理醫生，她說：「我男朋友不知怎麼回事，最近總是哭，不知道他還愛我嗎？總會為一些小事斤斤計較。」心理醫生微笑著用平和的語氣解釋：「其實，男兒有淚不輕彈，只因未到傷心處。你的男朋友之所以會為你哭泣，是因為他很愛你。這樣的男人千萬要抓住，因為他對你是真心的。」

這是怎麼一回事呢？先看一則故事：

宥靜和文彬高中時是同學，那時候，他們很天真，認為愛情很美好，只要兩個人互相喜歡最終就會走到一起。然後，經過了年少的浪漫，他們步入了社會。這時候的宥靜開始想過奢侈的生活，然而，她和文彬的薪資都不高，生活上很拮据。因此，宥靜逐漸與文彬保持了距離。

文彬還是非常喜歡宥靜，答應五年之後會讓她過上舒適的生活。宥靜卻說女人的幸福不能等，文彬說只要給他時間，他會讓宥靜滿意的。

然而，三年後，文彬還是當初的樣子，宥靜卻變了，時常和有身分、有地位的人來往。宥靜結交那些有錢有勢的人，並不是只是單純的朋友關係，她想從百萬個優秀的人當中挑選出最合適的。為此，文彬非常傷心，黯然神傷。他常常質疑宥靜，為什麼那麼多牙刷、為什麼出門打扮得漂漂亮亮，在家裡卻無所謂、為什麼總和一些不三不四的人聚餐、為什麼總會接到陌生人的電話……面對文彬一連串的提問，宥靜懶得回答，只覺得文彬很煩。

漸漸地，文彬變得憂鬱，經常為了宥靜流下莫名的眼淚。宥靜卻毫不在乎，每天打扮得花枝招展，企圖找到一個富有的郎君。

文彬說：「給我一段時間，我會讓妳過上好生活。」宥靜說：「這種話我已經聽過千百次了，我不再相信你了。」文彬很絕望。

後來，宥靜挽著一個富二代，對文彬說：「這是我的男朋友，我們打算三個月後結婚。」文彬頓時眼前一片昏暗，差一點昏倒在地，然而，他還是強忍著心酸，在宥靜和那男人離開後，眼淚不停的流了下來。

三個月後，宥靜順利地成了別人的新娘，文彬卻沒了消息。宥靜以為從此以後都能過著夢想中的生活，但是，婚後不到半年，丈夫就開始厭倦她了，動不動就打她。宥靜開始後悔當初的選擇了，然而，文彬在何方她已不知道且和他再無可能了，宥靜只有傷心了。

這時，你應該明白在乎你的人會為你哭了吧？而其實，男人會為女人哭並不是男人心靈上的脆弱。他們之所以會哭，是因為他們真的在乎，這樣的男人很專情。不過，專情的男人往往不富有，如果女性被一些虛有的現象給迷惑了，例如別人比他有錢、比他幽默，就會讓愛著自己的人傷心了。

想想，一個會為她流淚的人才會真心愛她。那些花言巧語只不過是徒有其表罷了！為了長遠考慮，要選擇在乎你的人，他的眼淚會流露出對你的期盼。

這樣的人往往不會表達出自己的真實情感，就需要看懂他的這些心理密碼了。隨著時間的推移，你會明白，笑裡藏刀的人不值得擁有，只有為你哭泣的人，才是在乎你的人，無論是親人、朋友還是戀人，只要為你莫名憂傷，就表明他在乎你，值得去珍惜。

迷茫下的錯愕是為難

人們在錯愕時，臉上會出現尷尬、恐懼、為難的表情，會由於這些不同的表情呈現出不同尋常的臉。這種錯愕的刺激是來自於內心的不確定性，會因為這種刺激讓人變得不知所措。

我們一起來看看常見的幾種錯愕表情：

❖ 由尷尬而產生的錯愕表情

尷尬衍生於不安，但比不安的程度要輕一些。在人遇到讓自己不想見到的事情之時，就會產生尷尬這種不安的情緒。

人在尷尬的時候，會有這樣的表現：嘴唇緊緊抿著，臉紅心跳，臉上露出不悅的神色，還有的會低頭，這個時候很想找個洞鑽進去，以掩蓋處境的窘迫。

❖ 由恐懼而產生的錯愕表情

當遇到無法避開的危險，人的內心就會產生悲傷的狀態，這種狀態便是恐懼的心理。人在恐懼狀態之時，會有三種基本的特徵：第一種是眼睛睜大，第二種是眉頭向中間緊攏、上揚，第三種是嘴張開。

當人面對危險沒有抵抗能力時，臉上產生的錯愕表情就更明顯。想想，當你晚上自己回到家，看到幾個歹徒在你家裡偷盜時，你勢單力薄、寡不敵眾，就會內心充滿了迷茫和困惑，不知道該怎麼做；當你的敵人拿著利器要置你於死地時，你也會無助並產生恐懼的心理。當這種恐懼的來源消失之後，你會兩眼空洞、無神，仍對剛才的一幕心有餘悸。

❖ 迷茫下產生的錯愕表情是為難

為難在於取捨不定，不知如何選擇、如何放棄，這時候就會迷茫不知所措。在這一迷茫狀態之下，為難的典型特徵是：嘴唇微微展開，表情顯得嚴肅，眉毛皺著，眼神不停轉動，好像在做著決定，但又棘手、不好解決。

我們來看一則故事：

最近，志傑遇到了一件讓他迷茫的事情。在他上大學一年級的時候，在一次活動中成為了造血幹細胞的志願捐贈者。有一天，志傑在下班後，接到紅十字會的電話，說他的造血幹細胞與高雄一名白血病患者匹配成功，詢問他是否要捐贈。志傑接到電話的第一個反應是非常高興，馬上回答說：「我當然希望能救人一命！」但當志傑把這件事情告訴朋友、家人的時候，卻遭到了他們的極力反對，他們擔心志傑的身體和將來的幸福。所以，志傑在這一刻變得錯愕，出現了迷茫下的為難。當紅十字會再次聯絡志傑，要求詳談捐贈的具體事項時，志傑的態度卻完全變了，說他的親人、朋友不贊成他的做法，所以他無法捐贈。聽到志傑這麼說，負責人決定見志傑一面，希望能改變志傑的決定。

在面對紅十字會的負責人時，志傑面露難色，眼神很不自然地轉動著，看起來有點為難。對方便明白了志傑的為難之處，便去說服志傑的朋友、親人，最終志傑捐贈了，而且這一次的捐贈很成功，並沒有影響他將來的健康與幸福。

在一個人迷茫時，他的面部表情透露出了為難的心理狀態，我們要注意到他錯愕的表情，幫助他權衡利弊，同時也可以讓我們獲得想要的。

臉上會出現不同的錯愕表情，尷尬、恐懼、為難的時候會相應地呈現，我們要學會解讀，讓這一面部表情語帶給雙方好處。

雙目對視，視線游移表示有所隱瞞

美國史丹佛大學的心理學家認為，如果你讓一個人看著你的眼睛，幾秒後他轉移視線的話，那麼說明這個人有所隱瞞。的確，一個人不敢直視你，背後一定有著不為人知的祕密。我們要很好地辨別這一心理密碼，從他游移的視線可以猜測他的內心：

❖ 一個人不敢用眼睛直視你，表示他內心對你有愧、有鬼

如果是一個內心坦蕩的人，你們在對視的時候，他一開始並沒有感覺，一段時間後會眨一眨眼睛，然後避開你，這一類人是坦誠的，畢竟不是戀人，沒有必要雙目對視。當戀人雙目對視的時候，如果對方看了你幾秒後就移開，說明他言不由衷，背後會有著不能讓你知道的事情。

❖ 游移視線也可能表示他此時正難過

當一個人心情沮喪到了極點，身為好朋友，你去勸說，他不會用眼睛直視你的，而是很自然地會把目光落到別處。這時候要開導他。即便是戀人，看到對方傷心難過，如果你看著他的眼睛，他也會情不自禁地把視線移開。

❖ 游移視線也可能表示對你不屑

如果一個人不想理你，你偏要和他眼對眼放出火光，他會轉移視線不予理睬。你問話他會答非所問，這一類人便是懶得理你的人，最好結束這個話題，不然將難以進一步交流。

❖ 不直視表示他對你不感興趣，或者心中對你有愧

那些欠了你的人，是不會直視你的。當然，一個人不敢直視你，還表明他對你不感興趣，不想認識你。我們沒有必要讓那些對我們索然無味的人喜歡我們，畢竟我們不是新臺幣，不會每個人一見到我們都會喜歡我們的。

❖ 視線游移後又轉過來，表明這個人剛才在想著某件事

如果一個人因為某一件事情而煩惱，他會把視線游移一會，等想清楚了，才把眼睛又對準你，給你一個答案。

❖ 長時間視線不游移，有可能是一見鍾情，也有可能是被吸引住了

行為心理學家認為，當一個人遇到很喜歡或者在乎、尊敬的人時，會長時間把視線對準對方，目不轉睛。像我們遇到一個有緣分的異性，會心猿意馬，痴痴地待在那裡；像我們尊重某一個名人、崇拜某一個偶像，當他出現的時候，也會把目光集中在他身上。

下面就「對視時視線游移不定表示有所隱瞞」舉一個故事：

緯茹在網路上認識了一個「男友」祐哲，高富帥的祐哲一直是緯茹想要找的對象，便決定把終生託付給祐哲。畢竟網路是虛擬的，緯茹和祐哲聊了幾個月後，要見一見這個愛慕已久的白馬王子。

他們在咖啡廳見面了，祐哲的高貴、挺拔、闊綽讓緯茹覺得她沒有選錯人，深深的沉浸在甜蜜之中。但談起未來的婚姻時，緯茹看到祐哲的眼神不自然，憑著多年的經驗，緯茹猜想這其中一定有祕密。便故意說眼睛裡吹進了沙子，自己用手揉著，並請求祐哲幫她吹一下。祐哲吹了幾下，緯茹再睜開著雙眼直視祐哲時，忽然祐哲很不自然地游移了視線，緯茹知道她和祐哲不會有如意的結局。

果然，幾天後，祐哲打電話對緯茹說他們不合適。緯茹說：「我早就知道這些了，因為從你游移的視線就知道你真實的想法了。」

一個人游移視線，不敢直視你，代表他有讓你不想知道的事情。這一點我們有必要明確，不然只會囫圇吞棗到最後和對方鬧下僵局也不知所以然。

游移的視線反映出他內心的祕密，他面部的這一表情便可表明，他此時隱藏著口頭說不出來的東西。

低垂眉表示厭煩和憤怒

眉毛上會有很多反映出人內心的面部動作，如舒展、收攏、下垂、揚起會反應一個人的喜怒哀樂，我們一起來看看：

❖ 眉毛輕抬是想讓對方注意到自己

據專家認為，輕抬眉毛是動物的一種先天性行為，它是將眉毛向上輕輕一抬，然後恢復到原位。

對於人類，人們輕抬眉毛是告訴對方：「我在和你說話呢！」、「我說的事情你有沒有記住？」、「喂，請不要分散你的注意力！」這是讓對方注意自己的一種下意識行為，和自然地抬眉有相同的效果。

❖ 皺眉表示憂慮或不悅

當人在厭煩、反感或驚訝的時候，會出現皺眉這一面部表情，人們在危險的時候也會出現皺眉，這是人類長期進化過程中的一種非可控性行為，表示著人類的憂慮或不悅。

例如，如果你愛乾淨、有潔癖，當某一天到一個朋友家裡做客，看到朋友家非常邋遢，你會不由自主地皺眉，告誡朋友一個資訊：家裡太亂了，要好好地收拾一下。還有，當你聽到一個朋友最近患病，或者朋友的親人離世，你會很吃驚：「怎麼會這樣子呢？」、「他真可憐，真該好好安慰他！」同時你的眉毛會皺起，以表示關心與關注。

❖ 聳眉表示不愉快，也可表示無可奈何

聳眉的動作和輕抬眉的動作很相像，聳眉是指先將眉毛抬起，停留了片刻，又將眉毛降下。聳眉與輕抬眉的區別就在於這停留的片刻。聳眉表示著人內心的憂傷，是一種不愉快的驚奇，有時在人無可奈何的時候，也會出現這一面部表情。

❖ 斜挑眉是持懷疑心理

此時一條眉毛會向上抬起，另一條眉毛會向下降低，臉會一半顯得激動，一半顯得恐懼，這是斜挑眉的一種面部表情，表明此時此人正持著懷疑的態度。

❖ 談話時不經意間擠眉是憂慮或憂傷

我們會說「擠眉弄眼」是想引起對方的注意，向對方傳達著好感。但是談話時如果一個人出現這種動作，表明這個人此時憂慮或者是憂傷。他此時會眉毛壓低並緊緊皺在一起，似乎在尋求著別人的同情與諒解。

❖ 低垂眉表示厭煩或憤怒

眉毛向下運動的時候，兩條眉毛會之間的距離會靠近，眉毛之間的皮膚也會被壓縮，形成豎直並且短的皺紋。出現這種低垂眉之時，是表示這個人的厭煩和憤怒，他可能認為對方說了不該說的話，做了不該做的事，所以會眉毛低垂，同時眼光犀利、嘴唇咬緊，緊接著憤怒，爆發危機。

我們來看一則低垂眉表示厭煩或憤怒的故事：

志任的老婆長得非常漂亮，他對老婆愛護備至，生怕某一天老婆投入他人的懷抱。有一次，志任出差回來，看到老婆和一個高大帥氣的男士坐在一起吃飯，正在那裡談笑風生。志任想也沒想就兩眼冒火，氣沖沖地衝進了飯店。那位男士看到志任的眉毛低垂，先是覺得不解，後來才知道是對面女性的丈夫，便直說：「我們在談一項業務，我是她的同事，這是我的名片。」說著，雙手恭恭敬敬地把名片交給志任。
志任低垂的眉頭馬上舒緩下來，向對方致歉。

低垂眉會顯示對方的憤怒情緒，接著有可能會讓對方脾氣爆發。這一點有必要去留心，以避免不必要的爭端。

關於眉毛上的表情，會有很多詞語來形容，如：眉開眼笑、喜上眉梢、雙眉緊皺，我們要明白「眉毛語言」，它暗示著對方此時的心情。

低垂眉表示厭煩和憤怒

語言，道出內在的「天機」

每一句話都是經過大腦神經發出來的，正是這一句話可以看出一個人的素養。人們會因為品格、學識等不同，說出不同內涵的話，我們要能一眼洞穿，知道這些話語所潛藏的內在感受。

愛說自己的優點表示希望被喜歡

讓別人喜歡的人是幸福的，而每個人都希望被別人喜歡，在別人對我們一無所知時，我們要想讓別人喜歡，就要讓別人知道我們的優點，給別人留下好的印象。當然，我們要真誠，不可欺騙對方。這樣，別人發現我們名不虛傳，就會真正的喜歡上我們。那麼，如何透過一個人的說話判斷他是否希望得到別人的喜歡或者別人是否會喜歡某個說自己優點的人呢？可以透過以下幾點判斷：

❖說自己突出優勢的人希望得到別人的喜歡

他說出自己某方面的優勢，別人若在那方面沒有比他更突出，就會對他投來敬佩的目光。他之所以說這些長處，不是壓低別人，是希望讓別人看到他的亮點而喜歡他。

❖聽話時不屑表示對說話的人沒有好感

如果一個人滔滔不絕地說自己的優點，而聽者卻不以為然，那麼，這時候要明白了，聽者可能是不相信那個說話的人，或者根本不認為那個人說的「優點」是優勢。這樣，說話的人就容易在別人心日中留下不好的印象，難免無法讓聽者喜歡。如果在說話的時候，看到聽者表現出漠不關心的態度，或者轉移話題，或者聽聽聽者的意見，千萬不可只顧發表自己的觀點，以免讓聽者厭煩。

❖ 總拿別人比較的人無法讓人喜歡

這類人總會說到別人的缺點來褒揚自己的優點，當然無法讓聽者喜歡。更有甚者，聽者會厭倦他，而且都不願意繼續聽下去。而如果說話的人說到自己的缺點和別人的優點，固然難以讓別人有好感，但別人也會對他的勇氣敬佩，說不定一段時間後就會自然的喜歡上他。但關鍵是，千萬不要拿自己的優點數落別人的缺點，以免讓人厭煩。

❖ 聽話時聚精會神的人對說話的人有好感

如果說話的人饒有興致地說著，聽話的人津津有味地聽著，那麼說明聽話的人對這些話題很有興趣，確切地說對說話的人產生了好感，要不然，他不會聚精會神去聽一個人的說話。只要他明白了對方的確有他值得學習的地方，他就會對對方崇敬有加，繼而會喜歡對方。

❖ 聽話時無所謂的人不一定對說話者有好感

如果說話的人說自己的優點，聽話的人表現出一副無所謂的態度，那麼，可以得知，聽話的人並不一定對說話者有好感。此時，說話的人要讓聽話者知道他最好的一面，讓聽話者發現他的「完美」，如果聽話者仍是無動於衷，聽話者不會喜歡說話者了，如果聽話者產生了興趣，那麼，聽話者對說話的人產生了好感，更有可能會喜歡說話的人和他的一切。

下面就「愛說自己的優點表示希望被喜歡」作進一步的剖析：

有兩個人在談話，一個人說：「我有一個朋友，他在和別人談話時，經常說到自己的優點，他怎麼一點也不謙虛啊？這樣的人到底是在抱著什麼樣的企圖呢？為什麼總把自己誇得像一朵花？太讓人匪夷所思了！」另一個人說：「這類人喜歡誇自己，有時候是因為他們虛榮，但大部分之所以他們說到自己的優點，是因為想給別人留下好的印象，想讓別人喜歡他。試想想看，很少有人不會喜歡別人喜歡他的。那些總把自己優點說出來的人，是為了給別人一個直觀的判斷，讓別人認為他是多麼優秀，對他的好感增添。這類人往往並不是虛榮，只不過是想給別人留下好的印象，讓別人喜歡他罷了。」

有一個故事印證了這段談話：

建銘有一個要好的同事智傑，他們經常在一起和其他的同事聊天。在聊天的時候，智傑經常說出自己的優點，說他的學歷多麼高、多麼熱情、多麼富有，多麼有涵養……一開始，同事們都會聽得津津有味，但智傑無數次的說著，同事們也就不感興趣了。這時候，智傑又開始找新的話題，說他未來有多麼美好的前程，多麼想讓其他人都過上幸福的日子。

看著智傑總愛炫耀自己，建銘很不是滋味，對智傑說：「你能不能不在同事面前不停炫耀，能不能謙虛一點？」智傑馬上點頭認可。但是，過了一段時間，智傑又滔滔不絕地說到自己的優點。

為什麼智傑總愛炫耀自己呢？建銘想不明白，回到家裡後問了他的爸爸。他的爸爸是一個資深的心理醫生，聽了建銘的疑惑後，爸爸笑著說：「你的朋友喜歡在公開場合說自己的優點，並不是他太虛榮，只是他渴望得到別人的喜歡罷了。試想，在那麼多的人當中，如果讓別人意識到他是最優秀的，那麼就會有很多人對他投來讚賞甚至喜歡的目光。」建銘說：「可是，他也不能總說自己的優點不說自己的缺點啊？」爸爸說：「你沒看到有很多名人、偉人嗎？他們為什麼總是讓別人看到他們美好的一面？而他們真的那麼優秀沒有缺點嗎？要知道，每個人都會有缺點，讓別人記住他們的優點，並不是因為他們自私或者虛榮，只是讓別人記住他們的好，喜歡他們罷了。如果那些風光的人物暴露出了自己的劣行，喜歡他的人就會越來越少，那不是他們的想要，所以他們要把美好的一面留給別人，不好的一面藏起來。」建銘聽後，略有所悟，說：「原來是這樣，看來，智傑將來不是那種自私、虛榮的人，會成為大家都喜歡的人。」爸爸笑著說：「如果智傑是明星，那麼他就會很受歡迎。他現在讓別人看到他的優點，只不過是想讓別人喜歡他罷了。你千萬不要認為他是在炫耀，以免誤解了他。」建銘說：「一定！」從此，建銘果然發現有越來越多的人喜歡智傑，而智傑並不是那種愛慕虛榮的人，而是心思比較細膩，越來越完善自己。

可見，愛說自己的優點，並不是愛慕虛榮，而是在陌生人面前讓陌生人知道他好的一面，讓陌生人對他產生好感。試想，誰願意把自己的缺點暴露在外面，讓別人辱罵？而那些說到自己優點的人，他們並不是十全十美的人，也有缺點，然而，他們讓別人記住他們的好，在別人心目中，他們就是優秀的人，就會讓別人喜歡。

這一類的人並沒有過多的虛榮心理，只不過是想讓別人喜歡他罷了。

而每個人都渴望別人的喜歡，這是一種很正常的心理。在別人並不認識我們的時候，你該如何讓別人記住你，並對你產生好感呢？就是讓別人記住你的優點、記住你突出的一面，只要你在別人心中夠優秀，別人就會喜歡你了。

當然，如果你說自己的優點時，總是漫無邊際地吹牛，會讓別人認為你不誠實，不再相信你。而無論何種情況，既然說自己的優點，就一定要有那方面的優勢，不然讓別人發現是在談著子虛烏有的事情，別人只會對我們嗤之以鼻，這樣，明明是想讓別人喜歡卻招來別人的冷眼，何苦呢？

說錯話隨即道歉是悟性高

說錯了話馬上道歉的人心思敏銳，不會讓別人所猜疑。而如果說錯了話，不去道歉，固然有可能會讓別人信以為真，但一旦水落石出，就會失去別人的信任，難再有合作的可能。那麼，如何透過一個人的反應來判斷他的悟性呢？可以透過下面幾個方面去觀察：

❖ 說錯了話十秒內道歉的人悟性極高

如果一個人說錯了話能在十秒鐘內道歉，那麼，他是一個悟性很高的人，起碼他不會被別人所懷疑，而且這種人心思很縝密，適合一些偵探、研究等嚴密的工作。這類人會把事做得很細緻，做到讓人滿意。

❖ **說錯了話十分鐘內道歉的人悟性優秀**

這類人在說錯話時沒有馬上道歉，但是在十分鐘內能意識到自己的過錯。這一類人也會贏得別人的原諒，當然，他的心思也比較細膩，凡事精益求精。

❖ **說錯了話一天內道歉的人悟性及格**

有很多人在自己說錯了話後都沒發現，仍繼續侃侃而談著。但事後他們才知道有些話說錯了，這時候那些話還沒有造成嚴重的後果，有必要去澄清，以免讓別人誤解。當然，承認自己說錯話時的失誤，別人還是會諒解的。這類人做事往往穩重、踏實，並不會急於求成，而是一個腳印一個腳印，慢慢地才會把事情做成。這類人適合做有節奏的工作，但不易過多苛求，起碼他們能夠完成任務，不至於做得很差。

❖ **說錯了話一星期後道歉的人悟性差**

此時，這類人再去道歉，可能已經造成不好的後果了。他最可能的結果是失去別人的信任，甚至是丟掉自己的飯碗。這類人在做事時往往馬虎，難成大業。我們要注意到這類人，說錯了話不知道道歉，會讓別人誤解，產生了隔閡難以消除。

❖ 說錯了話從來不道歉的人沒有責任感

我們都知道說錯了話應該要道歉，但偏偏有一些人就是不道歉，他們會自圓其說。此類人沒有責任感，不知道對與錯，難以成大事。與這類人交往要明白，好處可以不拘小節，壞處會養成散漫的習性並不利於長久的發展。關鍵是和這樣的人接觸過多不好，適時即可。

下面就「說錯了話隨即道歉悟性高」作進一步的剖析：

有兩個人在談話，其中一個人說：「有個人常常會說讓人不開心的話，但他馬上會意識到自己的過錯，賠禮道歉，這樣的人在社交場合中能走下去嗎？會得罪很多的人嗎？我一直很擔心，這樣的人會讓人心煩。」另一個人說：「其實，這類人不需要你過多擔心，因為他起碼知道自己說錯了話能立即地改正。如果他明明知道自己說錯了話而不去改正，那麼，他就容易得罪人，在社交場合中就走不下去了。好在他能知道隨即道歉，這一類人悟性高，能贏得別人的信任，在社交場合中的路也會越走越寬。」

說錯了話隨即道歉的人悟性高，別人不會為了這點小事斤斤計較。

因此，如果說錯了話就要去道歉。而道歉有一定的期限，在說錯話很長一段時間後再去道歉，這時道歉的效果不大，說不定對方不會原諒你了。而你說錯了話意識到了自己的過錯馬上道歉，對方會很樂意原諒你，哪怕是很大的錯誤。

說錯了話馬上道歉的人悟性很高，與人合作的可能很大。千萬不要明知道說錯了還要隱瞞，以免讓別人認為有所目的、不真誠。而說錯了話馬上道歉的人悟性高，在工作過程中還會提高工作效率，事業和人緣雙豐收。

說話聲音透露出的內心情感

《禮記．樂記》中有這麼一句話：凡音之起，由人心生也。人心之動，物使之然也。感於物而動，故形於聲。聲相應，故生變。

這也就是說，人們的內心世界會影響到人們的聲音。聲音會表現出一個人的品格，當我們對某個人無法從面部表情、肢體動作等看穿內心時，可以從語言上下功夫。我們一起來看看：

❖ 說話聲音沙啞的人具有強烈的性格

對於女性，如果說話時聲音沙啞表示著她們有著強烈的性格。雖然她們給人很親切的感覺，但她們的內心卻讓人難以捉摸。這一類聲音沙啞的女性有可能會與其他的女性意見不合，甚至會遭到同性的排擠，但卻會受到異性的歡迎。這一類女性有很高的意識觀念，對服裝有不錯的品味，在音樂、繪畫方面也會顯示出才能。

對於男性，如果聲音沙啞，往往表現了這個男性的爆發力，他們很有行動力且耐力十足。但這一類男性的缺點是會自以為是，經常會掉以輕心而犯錯。這些聲音沙啞的人有很強的領導能力，會有擴展勢力的力量，會在失敗的時候愈戰愈勇，最終會反敗為勝。

❖ 說話聲音高亢的人好惡感非常明顯

說話聲音高亢的人表示了內心的情緒不定，對別人的好惡感也表現得較為明顯。這一類人在執著於某件事情的時候，往往會忽略掉其他方面上的事情。這一類人有時候會因為一點小事情緒波動。

如果是男性發出這種高亢的聲音，表明這個男性既容易興奮也容易疲憊。這一類男性在遇到心儀的女性時，往往會大膽表白，讓女性很尷尬。

聲音高亢者，通常是神經質的人，會對周圍的環境有強烈的反應，如果換一張床睡覺，他往往會睡不著。且這一類人富有想像力、不服輸，會滔滔不絕地向他人灌輸自己的意見。

在遇到聲音高亢的人之時，反駁他不是最好的對策，表現得謙虛一點能使他感到心滿意足。

❖ 說話聲音低沉的人具有樂善好施的性格

發出低沉聲音的人，不論是男的還是女的，都會有樂善好施、喜愛當領導者的性格。這一類人善於交際，不習慣宅在家中。

如果是女性發出這種聲音，這一類女性會在其他的女性中擁有不錯的人緣關係。這一類女性容易受到別人的信任，是別人討教主意的好對象。

如果是男性發出這種聲音，這一類男性往往會在政治、事業上有功績，不過，這一類的男性感情脆弱，同時又富有強烈的正義感，在激烈的爭吵或決斷之後會懊悔不已。

❖ 說話聲音溫和沉穩的人性格多屬於內向

當女性說話聲音溫和沉穩，這一類女性會隨時控制自己的情感，同時會渴望傳達自己的意念。

當男性說話聲音溫和沉穩，這一類男性看起來老實，其實他們有一顆頑固的內心，往往不會輕易妥協，也往往不會受他人意見的左右。

說話聲音溫和沉穩的人還會具有同情心，這一類人多數是慢熱型的人。如果和這一類人初次交往，會顯得他們不夠和善，但和他們長時間相處之後，會發現他們是非常熱情和關心、體貼朋友的。

總愛許諾者並不真誠

在話語中，有一個「諾言」我們不得不提防了。尤其是在伴侶關係中，諾言似乎成了家常便飯。關於這一點，有必要看穿那些許諾者的真面目。

諾言並不是總靠許諾來實現的，而是要付諸於行動，一個整天指日發誓的人，遠不如一個每天向你噓寒問暖的人。唐朝李益有首詩：「嫁得瞿塘賈，朝朝誤妾期。早知潮有信，嫁與弄潮兒。」那些無法實踐諾言的人就不討人喜歡了。

可以試想，很多人會寧要一句「我娶你」，也不會要千萬句「我愛你」，這就可以見諾言變成空談的沒必要性。還有，隨著社會信譽的日益提高，一個無法實踐諾言的人只會將一條條路堵死。

關於許諾者，我們可以看出他內在的真面目：

❖ 總愛許諾但從不實踐的人這一類人不值得結交

有的人會漫無邊際地許下對你的好、給你的待遇，但你只是沉浸在幸福的嚮往中，始終沒有達成所願，他還是用甜言蜜語蠱惑你。這時候有必要明白不能再相信他了，不然到最後被騙的就是你。

❖ 一個很在乎你的人不會輕易許諾

無論是戀人對戀人、老闆對員工、朋友對朋友、親人對親人，如果一個人在乎你，想要維持和你之間的關係，他不會輕易給你無限的遐想，他會默默地讓這些美好一一實現。

❖ 常見的幾種許諾方式

有人說，有三樣東西不能相信：女人的眼淚、男人的諾言、朋友的酒話。那些一開始就許諾給你優厚待遇的人，千萬不要輕信！要記住，尤其是在職場上，天下並沒有免費的午餐。那些總愛給你空談卻從不守信的人，也不值得我們結交，因為我們要的是實際，並非幻想。

❖ 沉浸在諾言中，有必要從中醒來

甜蜜的話語可以讓人沉醉一時，但難以幸福一世，總會有水落石出之時，到時候真相大白只會讓自己懊悔不已。我們有必要接受現實，不能做一個極端的理想主義者。

❖ 朋友之間並不是只靠大話維繫

往往諾言發生在戀人之中，但你若仔細留意，朋友也會給你許下很多諾言，但到最後很多會化為夢幻泡影。這一點有必要記住了，朋友之間並不是大話連篇，而是在於一些具體的給予。

依婷和智宇是很好的朋友，他們認識好幾年了，彼此也建立了深厚的信任。有一次，智宇接了一個大專案，需要多人一起完成。智宇首先找到了依婷，並答應了給她不錯的報酬，身為朋友，為了讓依婷放心，智宇跟她簽了一份契約。就這樣，依婷很安分守己地為智宇做事。但幾個月過後，到了智宇支付依婷報酬的時候，智宇開始有點為難了，說公司還沒有支付報酬。由於依婷信任智宇，便一再等待。後來，又等了一段時間，智宇還是沒有支付答應給依婷的報酬。這時候依婷有點按捺不住了，一再地催促智宇。智宇說上面的沒有守約他也沒辦法。依婷認為她是和智宇訂的契約，智宇是和公司訂的契約，也顧不得什麼了，非得讓智宇及時支付答應她的報酬。後來差一點鬧到法庭，智宇不得不加一把勁，從公司那裡得到了該專案的酬款，支付了答應給依婷的款項，才避免了朋友之間一觸即發的衝突。

朋友之間最忌諱的就是不守信用，一旦朋友之間出現了誠信的危機，要確保對方為什麼食言，說不定對方有很多苦衷呢！身為朋友，不可不明事由就和對方鬧翻，要本著信任、支持的原則，好好處理之間產生的矛盾，說不定到後來並不是朋友在空談，而是許諾沒有實現的是其他人，朋友只是被連累罷了。

這一點有必要明確，那些隨意對你許諾，讓你臉紅心跳的人，必須要警惕。而那些平時很講信用的人，即使偶爾難以實現諾言也要予以諒解。

朋友之間貴在信任，工作場合、生意之間亦是如此。

前言不搭後語者有隱情

一個人會在說話時不自覺地透露出他內心的密碼，可以從他的言辭、語速等進行辨別。一個口若懸河的人是胸有成竹的，內心很少有祕密，他很坦率，會讓人認同、讚賞他；一個閃爍其辭的人，往往不知道自己要表達的是什麼，所傳達的是什麼意思，這一類人往往有不可告人的祕密。

在與人交往時，我們就可以透過其語速快慢辨別其深處的天機：

❖ 說話不假思索的人，這一類人往往很坦誠

有的人想說什麼就說什麼，並不是每一句都斟酌過，這一類人往往是我們認為心直口快的人，這一類人並不會隱含著多大的祕密，反而會因為他們的坦誠相見讓別人更容易和他們交流意見。

❖ 語速很快的人，除了想得到認可，心裡還很著急

一個人之所以語速特別快，連別人都難以跟上他的節奏，除了是想表達自己的觀點外，有一點很重要，就是他此時心情很著急，不知道對方是否會誤解他，所以極力地為自己辯護。

❖ 語速慢的人性格內向，做事有條不紊

有的人說話時一個字一個字的從嘴裡蹦出，不得不讓聽者耐心地等待，我們會認為這一類人木納。這一類木納的人性格多數是內向的，他們之所以節奏太慢，是平時很少和別人交流、溝通罷了。不過，這一類人做事時並不會急於求成，往往會很有耐心，把事情做得水到渠成。

❖ 說話時前言不搭後語，總想為前面的話圓場的人是有隱情

有的人說話時前言和後語接不上，讓人不知所以然，他們會意識到自己的錯誤，為剛才說過的話找臺階下，這一類人就要注意了，他們往往並不是坦誠的，而是這些話語中有不可讓人知道的玄機。

來看一則故事：

書豪最近在競標一個專案，透過好朋友俊霖的幫忙，眼看勝券在握。所以，書豪決定提前慶賀一下，邀請俊霖吃飯。一開始，俊霖推脫，但書豪再三請求，俊霖還是答應了。

在餐桌上，書豪看到俊霖一臉不自在的表情，還以為好朋友為其他的事情煩憂呢！

書豪打開酒杯，向俊霖乾杯，言辭之中流露出對俊霖的感激之意，但這一次，書豪注意到了，俊霖並不像以前慷慨陳詞，而是話語言辭閃爍，總會說錯話。這是怎麼一回事呢？

書豪猜想，可能是俊霖太激動了。

書豪又問起專案上的事情，俊霖還是說能幫他贏得最終的競標權，只是話語中稍微有些含糊。

書豪並沒有當一回事，認為這次有俊霖的幫忙一定穩拿了。

但後來，這次競標權竟落到了其他的公司，讓書豪很是費解，好朋友怎麼會說出沒有把握的事情呢？

俊霖也向書豪道歉，說當時有八成的把握，怕掃了書豪的興致，並沒有向書豪說明，但結果還是敗在了一些小關鍵上，所以在上次書豪邀請他吃飯時有些前言不搭後語了。

這些前言不搭後語的人我們會認為他們不可靠，並沒有和我們真誠地交流。的確，一個說話不注重前後協調的人，肯定有著不可告人的祕密。

說話的語速，言辭的對應與否，可以彰顯他內心隱含的密碼。想要了解這個人，便可以從他說話的速度等一見穿心。

直呼名字不帶姓讓人感到親切

一般來說，像「張三」這樣的人物，我們會稱呼他為「張三」、「張先生」，如果是女的，我們會稱呼她為「張女士」、「張小姐」，但這只是普通人對普通人的交流方式，並不會讓對方產生好感或厭煩。

關於名字上的稱謂，我們一起來看看：

❖ 以「張三」為例，直呼「張三先生」或「張三女士」的人是普通人

一般人見面時這樣稱呼，只會讓對方覺得很自然，並沒有什麼反常，你們之間的關係可能是陌生人，或是第一次見面，也可能是剛認識不久，總之你們之間的關係不是多麼友好，不然不會這樣稱呼的。

❖以「張三」為例，稱呼「小張」的人是上級或同事

同事或上級一般不會直呼名字的，會稱「小張」、「小李」、「小王」等，遇到這樣稱呼的人，要知道他們之間的關係。

❖以「張三」為例，直呼名字不帶姓的人是親朋好友

你的親朋好友不會總喊你的姓氏，他們會直呼你的小名，這樣讓人聽起來很親切、自然。要是親戚朋友一直稱呼你為「張三」，那麼，這個親戚朋友可能不太喜歡你，只是把你當作一般人看待，要知道他對待陌生人也是這麼稱呼，你們之間不會有良好的關係。

❖認識不久卻直呼名字不帶姓，這樣的人有教養

並不是只有你的親朋好友才會直呼你的名字不帶姓，要知道親戚一般是有固定的人數，朋友卻在不斷地變化之中。那些在認識後不久就親切地稱呼你的名字不帶姓的人，這類人很樂意和你來往，能贏得你的好感，你們之間也會有一個美好的開端和過程。

我們來看一則故事：

佳英人緣很好，她在郵局上班，每次顧客去取信的時候，她都能準確地記住顧客的名字。當下一次這個顧客再次到來，佳英會親切地直呼他的名字不帶姓，一開始顧客有點不自在，但聽著聽著就覺得倍感溫馨。

佳英得到了顧客的好評，業績也在不斷上升。後來，佳英跳槽到一家外貿公司，需要與不同的人打交道。為了擴展人脈，佳英在第二次稱呼對方時便直呼名字不帶姓，這讓對方覺得找到了知己、朋友的感覺，和佳英之間的關係更為融洽。

當然，佳英直呼對方的名字也是有分寸的，對於上級，她會親切地稱呼他們「張總」、「李總」、「馬老闆」、「王老闆」等，只是一般的人她會慢慢地和他們拉近距離。這樣，既顯得親切又顯得尊重，佳英在新職場仍擁有良好的人際關係。

法國的心理學家最近透過社會調查表明，如果一個人越是喜歡你，他就會親切地直呼你的名字不帶姓，不然普通的人只會直呼你的全名罷了。

我們可以想想，只有要好的朋友才會直呼我們的名字不帶姓，那些對我們有好感的人也會如此稱呼。便要知道，當和某些人交往一段時間，從他們對我們的稱呼就知道他們對我們的感覺了。

愛打斷別人說話的人表現欲強

可以想像一下，當我們與別人談話時，如果我們正在闡述自己的觀點，對方卻總是不經意的打斷我們，同時說著自己的觀點：「我不這樣認為！」、「你的想法是錯的！」那麼，我們此時是什麼樣的心情呢？肯定覺得對方很煩。

這樣經常打斷別人說話的人並不討人喜歡，我們在小學的時候就受過這樣的教育：不要隨意打斷別人說話，這是一種不禮貌的行為。可是，仍然有很多人喜歡打斷別人說話。這些人會在別人話未落音說到重點的時候，急切地插入自己的看法，這樣不但無法得到別人的好感，反而會讓大家覺得厭惡。

有這一類行為的「插話魔人」，可能並沒有意識到自己的行為有哪些不妥，還會為自己辯解，「我只想表達自己的觀點，幹嘛那麼小氣？」、「你們能說話，就我不能說嗎？」他越是這樣，別人就越會避開與他交流，因為沒有人喜歡這種「插話魔人」。

這一類人有著什麼樣的內心世界呢？從心理學的角度來說，在別人說話時愛打斷別人話語的人有著較強的表現欲望。我們知道，每個人會從青春期成長到成人期，與青春期不同的是，成人期是一個自我互動的過程。在青春期的時候，我們會覺得自己獨一無二，總是我行我素，想說什麼就說什麼，永遠把自己的意見、感受擺在第一位。由於當時大家都是孩子，並沒有帶給你負面的影響。在你是成人的時候，打斷別人說話就要注意了，別人會認為你是在指手畫腳，結果難免會對你產生防禦的心理。沒有人喜歡被別人當面指出話中的錯誤，打斷別人說話就是一種不尊重。社會不同於學校，你不尊重他人的感受，當然會得罪人。

那些喜歡打斷別人說話的人，是沒有好好完成青春期，即自我中心到成人期的過渡。他們的心理沒有跟上生理的成長，結果就難以準確地找到自我的定位，只能重複自我防禦的機制。

行為心理學家認為，打斷別人說話是一種不利於健康的行為。我們打斷別人說話，是因為喜歡表現自己，是一種愛表現心理的外在展現。這種心理是一種負面的情感，如果任由其發展的話，會產生不良的後果。可以想像，在團隊之中，如果一個人總是聽不進別人的意見，非得要插話的話，那麼這個團隊就會顯得不夠和諧，彼此的合作也會出現差錯。

那些喜歡打斷別人說話的人，往往會高估自己的能力，沒有對他人做出客觀的評價，結果就會變得自傲。這種人會讓原來和諧的氣氛變糟，當然，由於他愛插話，別人會疏離他，因此他將過得孤單、不快樂。

舉止奧妙，隱藏著素養

人們的舉止會表達他們的內心感受，一言一行、一舉一動，看起來簡單卻隱藏著大奧祕。

我們要能在舉止上破解某個人的內心，這些是可以透過外觀去滲透的。

總愛蹲著是封閉自己

我們見到過很多人，有的人喜歡熱鬧的地方，有的人卻喜歡獨處。而這兩種人並沒有本質上的區別，只是性格和環境使然。我們要學會和這兩種人交往，因為，我們的生活中既少不了熱情活潑的朋友，也少不了處事不驚的朋友。關鍵是如何識別哪些人是外向的，哪些人內心是封閉的。

下面透過幾個常態可以得知他們的內心：

❖ 喜歡聊天的人不會輕易封閉自己

喜歡聊天的人是想把自己的想法和別人分享，想讓別人知道他的很多事情。當然，他不會封閉自己，反而是認識的朋友越多越好。與這一類人交往，我們能感覺到活著的樂趣，起碼每天會有很多新鮮事分享，我們會活在希望與憧憬之中。

❖ 沉默寡言的人容易封閉自己

一個人要是沉默寡言，不和別人說自己的想法與觀點，長時間下來，他就可能沒有真正的朋友，當他遇到不開心的時候沒有人與他分擔憂愁，他就會變得憂鬱。漸漸地會封閉自己，即使再有人來開導他，他也習慣了一個人的世界，難以有良好發展。當然，很少說話的人並非都是完全封閉自己的。有的人雖然話很少，但遇到知心的朋友，他們就會滔滔不絕地說上半天，這種人值得交往。他們有自己的觀點和想法，如果這些觀點和想法得到別人的認同，他們就會信心倍增，進而大膽地和別人交流與溝通。與這一類人交往要注意分寸，沉默寡言的容易封閉自己，但並不是都會封閉自己，只要我們去辨別，就會找到合適的對象，和其成為要好的朋友，有利於長期的發展。

❖ 愛蹲著、愛睡覺的人容易封閉自己

蹲著的人性格孤僻，愛睡覺的人往往比較宅，面對這兩類人，有必要去分析，是否值得我們去交往。這兩類人本身並沒有錯，而且說不定有的很有知識和涵養，只要我們與他們交往，就能帶給自己更好的修養。而那些宅著的人並不是不願意交朋友，如果遇到了知心的，他會把所有的快樂事和別人分享，既豐富了別人也充實了自己。

❖ 喜歡旅遊爬山的人不易封閉自己

這類人性格往往較外向，適合結交更多的朋友，而且在旅遊時能培養他們的靈性，讓他們看到大自然中的美好，從而他們會想和別人一起來遊玩，來享受這美好的大自然。他們的內心是熱烈的、嚮往快樂的，與這一類人交往，當然也會打開我們緊閉的心扉，讓我們看到別樣的、有趣的世界。而喜歡爬山的人，雖然並不一定是外向，但他們渴求挑戰，要想和別人去冒險。與此類人交往，生活會變得多采多姿，時刻充滿著刺激與新鮮感。

❖ 一個人散步的人可能是在封閉自己

有的人喜歡一個人散步，走在沒有人認識的大街上，一個人默默地看著陌生的一切，然而，他們不會感覺到孤苦。不過，這一類的人可能是在封閉著自己，如果有其他人要陪他一起散步，他可能會不自在。而這類人思想上很健全，有洞察力，像歷史上的一些偉人，在冷靜的角落總能思考出一些有價值的東西。與這一類的人交往，要看清他的喜好，當然，不能過多的干擾他，你們之間會成為要好的朋友，他會與你親密無間，而且不用擔心他對別人也這樣，因為他的性格偏於內向，有你這麼一個知心的朋友他也就心滿意足了。而你有了他的知心，再加上他富有涵養，你的內在的修養也會達到一定的水準，更有利於你事業的發展。

下面，就「總愛蹲著的人」作進一步的介紹：

這是一種自我封閉的現象，如果你不理解，先看一則對話。一個人說：「總會看到這樣一些人，他們蹲在一個角落默默不說話，他們是怎麼啦？是被別人孤立了嗎？為什麼要自己一個人在角落？多孤獨啊！」另一個人說：「此類人並不希望結交過多朋友，他們習慣了一個人的日子，如果讓他們置身於快樂的氛圍中，他們反而會不自在；只有讓他們在僻靜的角落，他們才能思考自我。此類人並沒有對與錯，只是環境與性格使然。」

再看一則故事：

譚成在回家的路上常會看到一個老人，蜷縮在街頭什麼話也不說。有時候，那個老人會蹲在角落傻傻地望著天空。譚成不明白那個老人怎麼了，在一次與同事回家的路上，他問同事：「看到了河岸邊那個坐在地上的老人了嗎？我已經注意他幾個月了，發現他總是一個人蹲著。你說，這個老人是不是病了啊？」同事踮腳望了望，發現了那個蹲著的「呆滯」的老人，說：「他看起來沒有病啊！你看看他行動方便，好像有心事。」譚成問：「心事？他怎麼會幾個月都一個人蹲著？」同事說：「可能他受到傷害了吧？也可能他是這種性格，喜歡一個人。」譚成還是不明白。

後來，譚成打聽到，那個老人的妻子剛去世不久，而且唯一的女兒也不在身邊，加上長時間一個人，漸漸變得孤苦、冷漠。他應該得到別人的同情與諒解，而不是冷眼，面對這樣一個老人，誰去解脫他呢？

譚成曾經試著和老人說話，但老人好像很害怕陌生人的樣子，躲開了譚成。譚成不知道怎樣與老人交流。看來，老人一定要這樣度過了。

然而，老人安於他的這種孤僻的生活，也不希望別人介入他的世界。當他的女兒從遠方看望他時，他仍是一副面無表情的態度。

看來，老人已經習慣了他的孤獨。而且後來，譚成知道了，喜歡蹲著的人容易封閉自己。老人可能已經把自己的內心關閉了，不容任何人走進他的世界，而他也不去干擾別人。

就這樣，老人幾乎過著與世隔絕的生活，但他好像活得很滿足，並沒有絲毫地抱怨。時常地會一個人蹲在街頭、河邊……

漸漸地，很多人就不再會主動和老人搭訕了，而老人也無所謂，依舊很健康地活著。

可見，老人喜歡孤僻，他可能有自閉的心理，面對這樣的老人最好不要去打攪他的生活。但有的人也渴望得到別人的同情與理解，很少人會喜歡一個人生活。而人無法一個人活在世上，有必要和別人接觸，那些喜歡蹲著的人容易自閉，往往會活在自己的世界裡，難以有知心的朋友。

如果你決定開導他，讓他走出自閉的陰影，就必須要有耐心。因為，那樣的人物性格的形成不是一兩天的事情，你很難改變他的生活方式，但起碼能讓他變得樂觀一點。

喜歡蹲著的人往往並不知道生活的美好，他們總是覺得過一日算一日，如果讓他明白了生活中的樂趣，他說不定就會漸漸地活潑、開朗起來。關鍵是要讓那些人建立對生活的信心，要讓他們明白，生活是豐富多彩的，如果他們知道生活還多麼精彩，他們就可能走出自閉的陰影。

行走姿勢是個性的速寫

每個人的行走姿勢都不一樣，能從中了解他的快樂或悲痛、勤奮或懶惰。

行走姿勢能讓人看清楚一個人，如大搖大擺的人，往往不務正業、無所事事；如急匆匆趕路，顧不得休息的人，往往是在為生活奔波；如輕鬆自在的人，往往正悠閒地享受生活；如步履沉重的人，往往遇到了困難事。

下面，就行走的姿勢進一步分析一個人的性格：

❖ 急走

這是焦慮的表現，往往有突發的事情需要去處理。

❖ 疾走

這是腳步沉重而快速的行走方式，給人的印象是：能控制住心中的焦急。

❖ 慌張的走

表明此人心靈脆弱，很少有主見。如果是女性，表示她優柔寡斷；如果是男性，說明這個人愛吹毛求疵，往往顧慮過多。

❖ 慢走

這一類人多數年事已高或身體情況欠佳，他們往往會有消極的成分在心裡，即便未來很樂觀，也往往會看到不好的一面。不過，他們凡事講求穩重，絕不會好高騖遠，不會為了得不到而怨恨頓生。他們更容易接受現實，有時也很滿足目前的生活。

❖ **閒逛**

這一類人生活很清閒，總能抽出時間讓自己得到放鬆，他們並不會被壓力壓垮，反而會活得輕鬆、自在。

❖ **散步**

這一類人多數是在消磨時間，借此打發無聊的時光，很難看出他們有沒有理想，但大部分人不再有了奮鬥的目標。

❖ **蹣跚**

這一類人多數覺得疲倦或心情沉悶，他們好長時間都不會高興，會沉浸在不快之中。

❖ **無精打采的走**

這一類人一定遇到了不高興的事，而且正在為那件事煩憂。

❖ **碎步**

這一類人走得很快但步伐很小，多見於有複雜內心的女性身上。

❖ 慢吞吞的走

這一類人往往是生病了或年紀大了，才步步小心，以免被絆倒。

❖ 以跳躍的方式走

這一類人每跨出一步就身體向前傾出一步，往往是心中充滿了歡樂，對剛才的事情還意猶未盡。多見於心態陽光明朗的青少年。

❖ 走走停停

這一類人走一步就要停下來回頭看一眼，然後再走一步再停下來看看。往往是因為他們有什麼擔心或顧慮，或者是對某些事情依依不捨，或者是遇到了讓自己心動的某個人，才會每走一步就回過頭來看一下。

細微動作背後的心理狀態

以手托腮為例，這是一種細微的動作，一種用自己的手代替親人或朋友的手，安慰自己、擁抱自己的替代行為。

在精神倍增無所憂慮的人身上，是很少有這種舉動的，只有在心事重重、內心不安時，才會不由自主地托著腮，藉以填補心中的迷惑。

就像眼前的人，如果他正在用手托腮聽你說話，那麼表明他覺得你說的話沒興趣，所以才會不經意托腮看你，或者他正在思考某件問題，希望你聽他說話。如果你的伴侶出現這種舉動，說明他可能厭倦了與你的聊天，希望你給他一個熱情的擁抱。

若平日就習慣托腮的話，這一類人往往會漫不經心，對現實感到不安、空虛或寂寞。他們希望新的事物出現，夢想找到新的幸福，可時常無法如願，只能托腮思量。

如果抓住了幸福，他們就會很慶幸，不費吹灰之力就讓自己得到滿足，他們會手足舞蹈。有這種心理狀態的人，在戀愛時渴望被愛，並且希望得到更多的愛，處於永不滿足的狀態。

從另外一個角度說，他們會覺得生活了無新意，沉浸在自己創造的世界之中。他們脫離了現實，會透過幻想讓自己獲得短暫的快樂。

這一類人是空想家，往往也是夢想家。與其交往，會有意想不到的話題出現，例如，他們之所以會有這一小動作，是因為他們有了更多的奢望，一心想做大事，不屑於眼前不起眼的小事。

他們看似無所事事，有時真的能成就大事。而他們看似有大志氣，如果不著眼於眼前細小的事情，到後來會一事無成。

他們就像不懂事的孩子一樣，充滿天真與幻想，希望能被別人理解與呵護。我們可以給予他們支持與諒解，但一定要掌握好分寸，以免滿足不了他們的虛榮，讓他們開始記恨你。

而經常做出托腮動作的人，除了是想透過幻想改變目前的處境之外，就是在自我檢討，試圖調整自己的心態，讓一切歸於一個好的開始。

兩根手指敲桌面表示有自信

手勢有力是一種從表面看到本質的行為，會表現出當事人的自信。這種手勢動作不受思維意念的控制，是人的無意識行為。只要人的內心有底氣，就會情不自禁地做出這種手勢有力的動作。

手勢上的果斷和自信包括豎起大拇指、握拳動作、兩根手指敲擊桌子等。我們一起來看看：

❖豎起大拇指是讚美和贊同的意思

在亞洲人的觀念中，如果一個人豎起了大拇指，那麼是表示著讚美和贊同的含義。在講話時的時候，如果豎起大拇指指向自己，是一種很強勢的自我認同感覺，是在向別人傳達著這樣的訊號：「我很不錯！」、「我超強！」如果把大拇指指向對方，是表示著對對方的贊可和認同。

❖握拳是表達自信時的心態

人們在自信的時候，會透過有力地握拳來表達這一心態，此時人們的手臂會彎曲豎直在胸前，在手握拳的同時手臂會有力地向下一沉，彷彿力量都匯集到了胳膊之上，這時自信便會油然產生。

❖兩根手指敲桌面表示有自信

人們在發言的時候，如果有自信，會透過兩根手指敲擊桌子來傳達這一心理。喜歡做這種手勢的人除了自信之外，還在強調著說話內容的真實性與可靠性。

一個人在說話時用兩根手指敲擊桌面表明了內心的自信，這是一種強而有力的語言暗示符號。

這些增強語言表意的手勢，是人們誠懇、表達決心、增強感染力的訊號，顯示出了說話者的自信。

雙手交叉等待的人希望被理解

如果你和朋友約好見面，你遲遲未到，當你看到朋友等待你的姿勢時，便可知道他所要傳達的心情。

❖ 來回張望表示等得不耐煩

當你和朋友約好了相見的時間，結果你卻一直沒出現，當你趕到時如果看到朋友四處張望的動作，那麼表示他可能已經等得不耐煩了，或者他此時正在想著其他的事情，對公園裡、咖啡廳裡的其他事物產生了注意力。

❖ 靜靜坐著表示在耐心的等待

當你遲了一些時間，朋友耐心的坐在那裡，那麼說明這個朋友還會等你一段時間，你的遲到沒有讓他憤怒，他會理解你的。

❖ 不停滑手機表示失去耐心

當朋友在那裡無聊的滑著手機，表示他很希望這件事儘快結束，他還有其他事情要做，並沒有把這件事情放在心上。

❖ 雙手交叉坐著表示希望得到諒解、同情與支持

這一類朋友會默默地待在那裡，好像做錯了事似的，因為你的到來讓他產生了緊張，所以他會坐在那裡把雙手交叉放在膝蓋上，心裡也會有些波動。

一個人一旦內心緊張，渴望理解與尊重，他就會不自然地把雙手交叉放在膝蓋上，耐心地坐在那裡等待著，他偶爾也會看一看你是否到來，但當你真的到來的時候，他會緊張地坐在那裡屏住呼吸，這一肢體動作就更加明顯了。

當你坐在他對面，他會不自然地站立一下，然後又不自然地坐下，這是他有求於你，所以顯得不知所以然，雖然緊張但仍尊重你，他的這一舉止便可反映出他的素養。

我們要予以理解與支持，畢竟朋友之間不應存在難以解開的疙瘩，未來還長，多一個仇敵遠不如化解之間的矛盾更有益於你未來的發展。

請理解與原諒吧！你們之間會重歸於好，之間的不愉快也會渙然冰釋。

肩膀舒展是決心和責任心的表現

從人的肢體語言上來說，肩膀動作在一定程度上反應了一個人的恐懼、膽怯、依賴、失落等。我們可以透過觀察人們的肩部動作來分析他的內在心理。

我們一起來看看：

❖ 人在撒謊時會伴有雙肩聳動的動作

當人在撒謊之時，會雙肩聳動，這種動作被認為是撒謊時的一種自我保護形式，他在向人傳遞著這樣的一個訊號：「我錯了，原諒我吧！」、「不要再追究了！」

❖ 單肩聳動表示沒自信

當人與人進行溝通時，如果出現了單肩聳動的動作，那麼表現了這個人的不自信，進而可以推斷出他可能說了沒信心的話、做了違心的事。

❖ 低頭聳肩是遇到危險時的本能動作

這種動作是把頭低下的同時向上聳肩，頭要縮在兩肩之間，以保護自己的喉嚨和脖子受到其他的攻擊。人們會在遇到危險的時候，本能地出現這種動作。當人們向他人恭敬地道歉時，也會出現這種動作。我們應盡量少做出這種動作，以免形象減分。

❖ 以肩膀收縮表達憤怒

當兩個人相互仇視時，彼此都會收縮肩膀，並且有的會故意用肩膀去撞擊對方的肩膀，這是一種挑釁的行為，人在氣頭上會表現出這種動作。另外，當人存有警惕之心不想正面回覆別人的咄咄逼人時，也會採用這種動作。肩膀收縮也展現在雙方的地位和權力的關係之間。

❖ 肩膀下垂反映了消極的內心狀態

當一個人心情沉重，受到壓抑之時，就會出現肩膀下垂的動作。這顯示出了這個人的消極心理和沒精神的狀態。此時可以斷定他的心情不好，要予以開導。

❖ 肩膀舒展是決心和責任心的表現

一般來說，人們肩膀舒展表現著決心和責任心。對於男性，肩膀舒展是力量的象徵，也和人格、地位相連。男人通常會為了顯示自己的男子氣概，以肩膀舒展來增強決心和責任心。我們可以看到軍人常會做出這種動作。

來看一則故事：

彥志新進了一家公司，他是這家公司唯一的男人，所以公司裡大小事情都需要他幫助。彥志會經常聽到女同事們說：「彥志，你來看一下這件事該怎麼處理。」、「彥志，麻煩幫我搬一下這張桌子。」、「彥志，我遇到了一件棘手事情，你來看一下。」、「彥志，來幫個忙！」每當這時，彥志就會肩膀舒展、答應著走過去。這樣看起來彥志是一個有耐心、脾氣好的人，而且更重要的一點是，經過女同事的證明，他的確很有責任感。

肩膀的動作會反映出一個人此時的素養，如果看到對方出現了肩膀上的動作，就要明白，他此時在做著什麼樣的心理準備了。

雙臂交叉抱胸是自我防禦的象徵

經常可以看到，有的人忽然雙臂交叉抱於胸前，這是怎麼一回事呢？其實，這種人是有防禦的心理。而防禦來自對眼前人的不安全感，他們才會保護自己。

這種防禦性是心理上的防衛，也代表著對眼前人的排斥。

這個動作往往傳達著「我不相信你」、「你不值得信賴」等觀點。結果就會對別人有所戒備。

如此一來，就會不自然地把雙臂交叉抱於胸前。

這一類人並不是我們所說的敵人，只不過是他們的警戒心強罷了。他們不習慣對別人敞開心扉，也不想讓別人欺騙他。

一旦感覺到不對勁，他們就會有那種防禦的心理。他們害怕被騙，也經常會和別人保持距離。

不過，防禦心強的人，不是他們先天形成的，而是後天養成的。大部分是因為在兒時沒有受到足夠的父愛或母愛，他們才會對每一個人有警惕心。

就連日本著名的演員田村正和，也經常在電視劇中不自覺地露出雙臂交叉抱於胸前的動作。經調查，原來他心中藏著心事，並沒有得到足夠的溫暖和愛，才會給觀眾留下不親切、不自然的感覺。

這似乎很正常，有的人也這樣評價田村正和，說他不是鄰家大哥，而是高不可攀的紳士。他心中有一堵牆，往往把別人擋在牆外。

由此一來，雙臂交叉抱於胸前對名人來說似乎很合理，但只要有這種動作，就一定是防禦的象徵。無論是什麼人，做出這種小動作，一定是產生了恐懼感。

想想看，誰不渴望溫暖？而從小生活在母愛父愛中的人，會很熱情地擁抱別人。那些缺少溫暖的人，才會不自覺地流露出雙臂交叉抱於胸前自我防禦的動作。

這並不是他們的錯，後天也可以改正，關鍵是別人要對他親切，才能讓他心中放下警戒。

他會在溫暖的環境中獲得改變，並且有可能和那些友好的人成為朋友。

如果你也遇到了那樣的人，請不要當面攻擊他，要給他留有餘地，讓他感受到你的親切。而如果你也會將雙臂交叉抱於胸前，說明你心中也有所戒備了。這時候要守住心中的祕密，千萬不可和對方針鋒相對，讓對方費思量。

小動作，反映著意願

最容易被忽略的是人的小動作，這些小動作是在刺激源的刺激下，更直接、準確的反映。

我們就有必要在上面下功夫了，每一個小動作都有它的起因，都來之於心的感受和變化。

聽話時頭轉向一邊表示在神遊

聽話時把頭轉向一邊是說明他的心在別處，不過，這一類的人並不是無所成就，而且說不定他有自己的觀點開闢全新的領域，成為開山鼻祖。關鍵是不要去否定他，但也不能縱容他。要讓他明白無論他的想法正確與否，不聆聽別人就是不尊重的行為。

這裡，可以舉一些聽話時神遊的現象：

❖ 聽話時頭轉向一邊

這一類的人很明顯，他沒在聆聽，當你問他你講了什麼話時，他往往會不知從何說起。不過，這一類的人有兩個發展的可能，一個是成為大人物，一個會讓別人認為他的思想有問題，令人不齒。。

❖ 聽話時總說些不著邊際的話

你滔滔不絕地講了大半天，那個人忽然問了一句：「今天星期幾？」、「你吃飯了沒有？」、「外面天放晴了嗎？」、「下午我要和同事出去玩。」面對這些和你說的話毫不相關的問題，你往往會暈倒。這時候，就知道那個聽話的人並沒有全神貫注的聽你講話，而即便他聽了也是在神遊，並沒有對你所說的每一句話都點頭認可，要不然，他不會說一些奇怪的話，讓你都不知如何應答。

❖ 聽話時不看著你

你講了半天，對方眼睛卻一直亂轉，這時候，可以知道，對方並沒有注意聽你講的話，他的思緒早就在別處了，你在問他你講的什麼問題時，他往往會回答得很模糊，而且有時根本回答不上來。面對這一類的人，有必要讓他明白，在聽別人講話時，不可眼睛望向別處，那是對別人的不尊重，更有甚者，難以做好本職工作。

❖ 聽話時身體不自在

在聽話時，如果一個人一會兒抓頭，一會兒看看手錶，一會兒移動板凳，一會兒摳手指，那麼，從這些微小的動作可以看出這個人根本沒在專心，如果你問了他聽到了什麼重要的內容，他無法給你滿意的答案，因為，他並沒有在聽你說話。

❖ 聽話時經常離開

當聽你說話時，他一下去廁所，一下去倒茶，那麼，說明他對這次談話不感興趣。

他藉故離開，一則是為了到外面放鬆一下，一則是可以暫且不用聽你的「嘮叨」，這一類的人不會全神貫注地聽你所講的每一句話。

來舉一個故事：

宇翔新進了一家公司，老闆對他非常好，但宇翔當剛進這家公司時，只抱著無所謂的態度，也就是能結交一些朋友即可，並不打算在公司裡長期待下去。然而，因為宇翔很有能力，老闆非常器重他。

老闆想要把他培養成得力助手。但宇翔有一個缺點讓老闆受不了，那就是在每次開會的時候，老闆講著講著，宇翔就把腦袋扭向了別處，有時候是看看別的同事，有時候是看看天花板。老闆時刻在注意著宇翔，當問宇翔他講了什麼內容時，宇翔回答得模糊不清。

老闆非常不滿意，但因為宇翔是一個人才，還是讓他繼續留在公司。

但宇翔的這個毛病似乎改正不了，別的同事問他為什麼不專心聽老闆講話。宇翔說他想聽老闆講話，只是老闆講著講著他就覺得無聊。同事問他，在他把頭扭向別處的時候他在想著什麼，宇翔說，看著同事出神的態度、想想外面的工作和一些和工作不相干的事情。同事說如果宇翔繼續這樣的話，會沒辦法在公司待下去。宇翔也知道這個結果，但他總會不自覺在老闆講話時神遊。

最終老闆還沒辭退宇翔，宇翔就主動辭職了。其他的同事不明白，問宇翔：「老闆那麼器重你，而且一再對你忍讓，你為什麼要主動辭職呢？」宇翔的答案很簡單，因為他對老闆所說的話不感興趣。既然這樣，難以和老闆「志同道合」，就會有分歧，為了防止將來某一天被老闆開除，就自己先辭職了。

然而，宇翔的確是一個優秀的人才，在辭職後，他又找了幾份工作，不過他並不適合當上班族，只好自己創業。後來，他成功了，成為業界的成功人士。當時的老闆評價宇翔說：「我當時就看出他是一個很有想法的人，雖然他對我所說話的不以為然，但他確實很優秀。我能一忍再忍，是因為覺得他有潛力可挖。後來，他離開我的公司，我相信他會在其他行業做出成果，果然，他現在成為了大老闆，比我當初預想的還要成功。看來，我當初該先放開他，不然他天天對我的話置若罔聞，我很生氣，他也很難做出成績。」

可見，宇翔在老闆講話時神遊，但他並不是一個三心二意的人，相反，他有自己的主見和想法。對於這類人，固然難以在公司裡待太久，但說不定他們離開公司後就有更好的發展。

這一類的人思想自由，不容易被控制，能開拓出新的天地。

如果遇到了這一類的人，他們並不是一無所有，並不是做不出大事。關鍵是他們對目前做的事不感興趣，縱使你給了他很好的待遇，他最終還會選擇離開。

不要擔心這樣的人最終會離開，因為他在你講話時把頭轉向一邊，就說明他並不在乎你的觀點，他有自己的思想和主見，只不過和你志不同，道不合罷了。

但這類人也有一個缺點，當別人無法接受他的觀念時，他會很痛苦。這一類的人很堅持自己的觀點，在痛與快樂中成長。最後的結果是，成為某領域的菁英人物，或者是一生不得志。

腳尖勾起是心情放鬆或壓抑

英國心理學家透過研究發現：離大腦越遠的部位，那裡的可信度就越大。似乎聽起來不可思議，但只要我們仔細去觀察，會發現確實如此。

我們一般會透過觀察對方的面部表情看穿他的內心，而往往忽略了離大腦最遠部位的腳。其實，腳顯示出來的祕密比臉部要可靠的多，我們一起來看看：

❖ 腳尖勾起表示心情輕鬆或是行為受到了壓抑

當兩個人在談話的時候，如果氣氛活躍，會有人不自覺地腳尖勾起並晃來晃去，這表明了交談時輕鬆愉悅的心情。但並不是有這種動作的人都心情自在，當一個人有了壓抑無處發洩時，也會出現這種腳尖勾起的動作。只是此時的動作顯得有些緊湊，腳尖會繃直再放鬆。

❖腳跟著地，腳尖向上表示聽到高興的事

心理學家表示如果一個人將腳換了個姿勢，腳跟仍是著地，腳尖仍是向上，那麼表明這個人一定是聽到了高興的事情。我們要注意這個動作，能從中了解對方此時高興的心理。

❖腳尖指向對方是表示喜歡

人的心理活動會透過腳尖的指向反映出來，在兩個人交談時，如果對方的腳尖指向你，那麼說明他喜歡與你交流，不然，則是不想理睬你。還有，如果對方原本用腳尖指向你，忽然把腳尖移向了其他方向，這表明你可能說了令他不高興的話、做了令他不滿意的事。

我們可以透過腳尖的這種指向判斷別人對我們的喜惡，進而確定在別人心目中的位置。

❖腳尖轉向門口的方向是想要離開的訊號

在交談時，腳和身體會在同一條直線上，如果腳和身體的位置成了直角，說明這個人要想離開。

我們要注意到這一小動作，當某個人無意間將腳尖指向了門口的方向，說明他想要結束這個話題，想要離開。

❖ 踮起腳尖是在強調說話的內容

當看熱鬧、拿東西、跳舞等我們會踮起腳尖，但在說話的時候做出這種動作是在強調說話的內容，是真實感情的流露。

❖ 腳平放在地上，後腳跟翹起，做出預備跑的姿勢表示想遠離你

如果一個人做出這種動作，是在向你傳達著一個信號：他想盡快離開你，不想再和你之間有交集。所以，遇到這樣的人最好結束這個話題。

下面我們來看看「腳尖勾起表示心情放鬆或壓抑」的一則故事：

胡小姐是一家公司的人事部經理，她負責員工招聘的工作。有一天，一位吳小姐來應聘。吳小姐身材高挑，穿著一雙高跟鞋。

吳小姐坐定之後，胡小姐問她：「我們公司的工作不拘泥於形式，非常自由，不知是否是妳想要的？」吳小姐微笑著說：「這樣的工作很不錯啊！一直是我想要找的。」在笑著的時候，吳小姐懸著的腳輕微勾了一下，可以看出她此時輕鬆愉悅的心情。

聊了一會兒，胡小姐說：「不過我們公司可能會派遣妳到非洲工作，不知妳是否願意？」
吳小姐一聽，腳尖繃緊了，顯得有點侷促不安。
胡小姐說：「既然妳不願意的話，我們也不會強求，公司會綜合考慮。」
吳小姐驚訝地說：「妳怎麼知道我不願意去非洲工作？」
胡小姐說：「從妳腳尖傳達出來的資訊我就知道了一切。」

腳尖會投射一個人的內心，我們要善於捕捉這些資訊，發現對方心理的微活動，找到和對方下一步打開問題的方式。

雙手一攤表示服從與妥協

雙手透露很多心理密碼，我們有必要明確辨別。來看看常見的幾種：

❖ 雙手一攤表示服從與妥協

雙手一攤是一種善意的手勢，表示服從與妥協。在生活中，如果一個人雙手一攤，是表示「我什麼也沒做過。」做出這個動作表示他的清白，也表示承認錯誤並要求妥協。

❖ 舉起一隻手並以手心示人

舉起一隻手並以手心示人表明自己想要發言，或者想引起對方注意。

❖ 隱藏手心或手心向下表示想控制對方

隱藏手心或手心向下代表著一種權威性，假如某人對你擺出手心朝下的手勢，你立即能感覺到他的控制欲。一般來說，領導者喜歡做出這種動作。

下面就「雙手一攤表示服從與妥協」作進一步的剖析：

有兩個人在談話，一個人說：「有一次，我跟我男朋友吵架，明明就是他錯了，可是，還死不承認。不過，在說話時，他總是做出雙手一攤的這個動作，用手心示人。」另一個人說：「你男朋友做出雙手一攤這個動作，既表明了他承認他錯了並要求妥協。如果不明白這個心理密碼，一味地責備，只會適得其反。」

因為，誰都不喜歡被責備，既然對方雙手一攤承認了錯誤，就值得原諒。

嘴角上挑微動作的含義

嘴巴會有微動作，讓我們來看看常見的幾種：

❖ 嘴唇向前撇表示內心持懷疑態度

一個人的嘴唇向前撇表示他對接收到的外界資訊持不相信的態度，並且希望能夠得到肯定的回答。

❖ 嘴唇往前撅的人防禦心較重

一個人的嘴角往前撅則表示這個人的心理可能正處在某種防禦狀態。

❖ 嘴角抿成「一」的人往往具有堅強的意志

有些人在做重大決定時，都會把嘴角抿成「一」。他們通常都較堅強，具有堅持到底的頑強精神，會勇敢的面對困難，不會臨陣退縮。他們有不到黃河心不死的決心，因此，獲得成功的機率往往較大。

❖ 嘴角上挑的人往往心胸開闊

嘴角上挑的人往往機智聰明，善於和陌生人主動打招呼，並進行親切的交談。他們往往胸襟開闊，有包容心，不會記恨曾經傷害過他們的人。有著非常良好的人際關係，在最困難的時候常常能夠得到他人的支持與幫助。

來看一則故事：

有一天，緯義的媽媽突然病倒，被送進了醫院。當時，醫院患者太多，床位不夠。緯義的媽媽只好被安排在醫院在走廊設置的一個臨時床位。由於當時是冬天，緯義知道如果讓媽媽在走廊上過夜，很可能會加重病情。孝順的他在醫院走廊裡急得直跺腳。

就在這時，緯義的同事趕來了，見到這種情況建議說：「不然我們去找找醫院裡的常主任吧！他可是我們以前的同事啊！」

緯義一聽高興不已，便急忙問：「誰啊？你快說說。」

那位同事支支吾吾地回答說：「就是當年跟你打架的那個。」

「跟我打架？」緯義迅速轉動腦筋，努力地搜索當年跟自己打架的同事。

「你忘記了，當年你們打架，他受到處分，過沒多久就離開公司了，後來竟然當上這家醫院的主任了。」

緯義一聽，不由得打冷顫。想起當年，因為自己的過錯害了他。現在想來，真是後悔不已。於是，急忙擺了擺手說：「那絕對不行，他怨恨我還來不及，怎麼會幫我呢？」

同事想了想說：「那也不一定，這得看他是一個什麼樣的人，假如他心胸寬廣，那麼他早放下了仇恨，肯定會幫你。」

「這麼多年沒見面了，我怎麼能知道他變成了一個什麼樣的人呢？」緯義很擔心地說。

「我們進去觀察一下再說吧！」那位同事建議著。

「觀察？觀察什麼？」緯義被那位同事拉著來到了常主任的辦公室。

常主任的辦公室裡有很多人，緯義的那位同事站在門邊仔細地觀察著這位常主任的一舉一動。很快，他就發現這位主任在說話時，嘴角總是喜歡向上挑。注意到常主任這個微動作，同事立即高興地對緯義說：「這位常主任是一個心胸寬廣的人，他不會恨你的，你去找他幫忙吧！」

緯義疑惑不解地問：「你怎麼知道？」

「你先別問這麼多了，去吧！」

緯義硬著頭皮去找那位常主任幫忙。沒想到，那位主任見到他，高興得不得了。當他說明來意時，常主任立即答應了。

可見，有必要明白對方嘴角上挑微動作的心理密碼，這樣才能及時解決事情。嘴角是一個重要的資訊暗示點，它最顯而易見的功能是從中能流出話語，而嘴角的動作往往和心理活動連繫在一起。

眨眼頻率降低表示不屑一顧

眨眼睛是一種瞬間的動作，是在不知不覺間發生的自主性行為。眨眼睛會受到條件反射而完成，當然，有時也不需外界的刺激。在我們遇到強烈的光線時，眼睛會自動閉上，當小蟲飛入我們的眼睛時，我們會本能的眨眼睛。眨眼睛會在情緒變化時相應增加或減少頻率，是獲取人內心密碼的鑰匙。

我們一起來看看：

❖ 眨眼睛的一些系列動作

眨眼睛的系列動作包括睫毛振動、慢眨、連眨等。關於睫毛振動，是眼睛速度地開閉，是一種誇張性的動作，好像在傳遞著這樣的一種訊號：「你不可欺騙我哦！」關於慢眨，這個動作速度慢，幅度卻很大，好像在傳遞著這樣的一種訊號：「我不確信看到的一切，所以我要把眼睛睜大一下，以辨真偽！」關於連眨，是在快要哭的時候發生的，是心情壓抑的一種表示。

❖用一隻眼睛眨眼表示默契

當一個人用一隻眼睛向另一方眨眼時，傳遞了這樣的一個訊號：「我們之間的祕密不要告訴任何人哦！」

尤其是在社交場合，擁有祕密的兩個人，在不知情的第三者之前，會做出這種動作，以表示共同的想法。

如果是在異性之間，一方向另一方眨眼，這是一種強烈的求愛訊號，用一隻眼睛眨眼表示對面前的人感興趣。

❖眨眼頻率增加表示內心的壓抑和恐慌

一般來說，人們眨眼的頻率為一分鐘六到八次，在每次眨眼的時候，閉眼的時間不超過十分之一秒。如果眨眼的頻率明顯地提高，表示此人的內心極度壓抑和恐慌。

眨眼頻率增加還有另外一個層次上的含義，它表示了說話者的不真誠。在面對比自己優越的人時，由於擔心會回答地不夠完善，所以會本能的眨眼。如果此時讓對方的眼睛注意到他，他也會不自覺的眨一下眼睛。

❖ 眨眼頻率降低表示不屑一顧

在人們每次眨眼的時候，如果人們眼睛閉上的時間遠遠長於正常狀態下的時間，那麼這是一種眨眼頻率降低的下意識行為，是想阻止眼前自己不喜歡的一幕。往往處於高位的人會有這種動作，因為他們可以對自己不喜歡的人、不感興趣的事不屑一顧。

當向上級匯報工作時，如果發現上級閉眼的時間比平時長，那麼說明你已經讓他產生了厭意，或者他對你說的話題不感興趣，他此時已經向你傳達了一個訊號：「請到此結束吧！」、「你做的還不夠完善，要再努力點！」如果你不明事由，滔滔不絕的繼續說著，上級可能就會將眼睛閉上了，他這是在腦中抹去你的存在，是在無聲地告訴你：「請閉緊你的嘴巴！」不然，上級就會下逐客令了。

我們有必要知道眨眼背後隱藏的祕密，這有助於預測對方的心理。即便有可能會猜錯，但對於那些不懂得捕捉對方眨眼行為的人，還是會多一些機會。

摘眼鏡扔到一旁表示否定

人們戴上眼鏡、取下眼鏡的不同動作代表著不同的含義。我們一起來看看：

❖ 將鏡架咬在唇間的人渴望擁有安全感

我們常常會看見一些眼鏡配戴者將鏡架咬在嘴裡，這個動作跟叼根菸、咬支筆的意思一樣，都是表示動作者對安全感的渴望。

❖ 擦拭完鏡片後重新戴上，並拿起相關資料表示正在考慮

假如一個人在擦拭完鏡片後重新將眼鏡戴上，並且還拿起了桌上的相關資料。這一連續動作說明對方想繼續查看一下細節，正在考慮如何做出答覆。

❖ 把眼鏡折起來放在一邊，將後背靠在椅子上表示想結束談話

假如一個人把眼鏡折疊起來，並把它們放在一邊，同時還將後背靠在椅子上。這時，他想告訴你的是他想結束談話了。此時你有進一步的辯論也只能是隔靴搔癢了。

❖ 把眼鏡折起來並扔在一邊是否定的訊號

假如一個人把眼鏡折疊起來，並直接扔在旁邊的桌子上，這扔的動作直接反映出對方的焦慮與不悅，他要發表的肯定是否定意見。所以，你需要為自己做好辯護的準備。

承樺是一家公司的企劃人員，文采出眾，頗受老闆的欣賞與重視。老闆鼻子上架著一副眼鏡，充滿了書生氣，看上去更是平易近人。

有一次，老闆有意向承樺傳達了一個消息：快過年了，承樺只要策劃出讓公司滿意的策劃方案，就很有可能升為策劃主管。

承樺聽到這個消息感到非常高興，連連向老闆表示感謝。承樺很珍惜這個機會，為了能得到老闆的認可，他連夜做出了年度策劃方案，並反覆修改了好幾次。

這天，承樺自信滿滿地將自己策劃出的方案遞給了老闆。老闆剛接過文案時，臉上露出了欣賞的神情，但沒過一會，老闆不由自主地皺起了眉頭。看完以後，老闆輕輕地將策劃案放在桌子上，把眼鏡從鼻梁上摘下來，折疊起來，然後直接扔到一旁。過了一會兒，老闆說：「你先出去吧！有消息時我再跟你說。」承樺走出老闆辦公室，臉上依然揚著自信的微笑。

轉眼就到過年了，在年會上，被提拔為策劃主管的居然是坐他旁邊的家諭。承樺疑惑不解地問老闆：「這是怎麼回事？」

老闆有些生氣地說：「真不知道你這小子怎麼搞的？這次年會策劃案那麼重要，你怎麼寫出那樣的策劃案。」

「我的策劃案？」承樺一聽，立即跑回辦公室。仔細地翻閱檔案夾，竟發現改好的策劃案竟塞在抽屜。原來他交上去的策劃案不過是第一次的草稿。

可見，沒有讀懂這心理密碼有多不利！我們要明白這是否定的訊號，不然自以為很有希望到最後往往會很失望。

用手觸摸身體的心理微活動

相信很多人都會有這種小動作，不經意間地用手觸摸身體。研究表示，大約有百分之五十四的男性和百分之七十的女性有這種習性。那麼，他們這樣一種微動作是怎麼樣的一種心理活動呢？

要知道，觸摸自己身體的行為，一般被稱之為「自我親密性」。無論任何人，當心情不佳時，就會不自主流露出這種小動作。他們希望得到別人的慰藉，希望別人能給他們擁抱或身體上的小接觸。藉以來撫慰自己受傷、不安的心靈。即使是喜歡獨處的人，也渴望這一小動作讓自己感到溫暖。

一個人自從來到這世上，他們和別人就有身體上的接觸，渴望得到別人的鼓勵與安慰，是正常的心理活動。

很多人沒有從他人身上得到溫暖，便會透過「抱撫」玩具等讓自己得到放鬆。例如，很多獨生子女，由於他們慢慢地長大了，父母不能一直擁抱著他入眠、牽著他的手玩耍，他就會買一些毛茸茸的玩具讓自己得到心靈上的慰藉。

與此同時，很多人年紀更大了，就喜歡飼養寵物來達到這種需求。他們經常在家裡有小貓、小狗，而且對它們的愛護有時遠勝於愛自己的孩子，尤其是他們沒有孩子的時候，動物更成了他們不能缺少的依靠。

而觸摸自己，也是一種自我親密性行為。有時，當我們遇到挫折，感到羞辱的時候，就會不自然地用手觸摸身體來安慰自己。這樣，情緒便會得到穩定。

在這樣一些自己觸摸自己的微行為中，往往「玩弄頭髮」、「拉扯頭髮」比較常見。這些小動作會給自己愛的溫暖，會向別人傳遞出自己正在渴望得到溫柔的話語。而「玩弄頭髮」和「拉扯頭髮」不同，玩弄頭髮多數是一種自我安慰、無聊的行為，拉扯頭髮則是對自己無能的責備。例如，拉扯頭髮彷彿是在責備自己：「我真沒用！」、「為什麼事情解決不了？」、「我怎麼會怎麼笨！」

無論如何，拉扯頭髮是在折磨自己身體的同時，也在激勵著自己。就像小時候被父母懲罰一樣，我們透過拉扯頭髮來懲罰自己。因為這時候，父母不會一直在身邊教訓我們了，我們年齡大了，是成人了，會透過這種微動作來達到目的。更有甚者，嚴重的自虐狂會將頭髮一撮撮揪下來。

不管是上述的哪一種人，喜歡用手觸摸身體，皆是完美助人者，渴求自己做到最好。

即便表現得若無其事，那些小動作可以透視他們的心理微活動。當情緒不佳，當渴望有人依賴時，就會不自覺地用手觸摸身體了。

他們習慣這樣，撓撓頭、抓抓頭髮很正常，如果有某個人說「你已經做到更好了」，他們心裡就會得到片刻的安寧。

愛好，區別著個性

不同的人會有不同的愛好，這些愛好代表著相應的個性。沒有兩個人的愛好是相同的，我們可以從愛好上了解一個人的特性。

愛好間接和心態掛鉤，會有意無意地影響著人們的思想和行為。

穿著鮮豔象徵性格開朗

透過一個人穿著衣服的顏色，可以判斷出一個人的性格，那麼，如何透過著裝的顏色去判斷一個人的性格呢？穿著不同顏色的人又有著什麼樣的性格呢？

這裡，舉幾個鮮明的例子：

❖ 穿著是黑色或灰色的人成熟、穩重

穿著是黑色或灰色的人成熟、穩重，他們並不是那種開朗活潑的人，他們往往心思較細膩，性格也偏內向。在與這一類人交往時，要注重他們的內心，不可口無遮攔，以免談了他們不開心的事讓他們記恨在心。這一類的人表面上看似不痛不癢，其實他們很快就能記住別人說的不好的話，而且在以後的歲月中會時不時地提及，關鍵是不要和他無所不談，說一些開心的話，他會開心，而且有可能會關心你，帶給你快樂。

❖ 穿著紅色的人心態年輕

紅色往往是很多年輕人穿著的顏色，尤其是在喜慶的場合，紅色特別顯眼。然而，

有的人在其他的場合也穿著紅色的衣服，如果是男人，他們心態年輕，如果是女人，他們渴望得到別人的關注，渴望贏得別人的愛慕。無論男人還是女人，時常穿著紅色的人不會顯老，即便他們有的年紀也很大，但內心偏重於年輕化，他們就給人一種很年輕的感覺。這一類的人最討厭別人說他年紀大，尤其是女人，最討厭別人問她的年齡及感情狀況。面對這樣的人，我們就有必要去應對了。總之，這樣的人心態很陽光，會帶給我們活力。

❖ 穿著綠色的人不會喪失信心

穿著綠色的人並不是說他全身都是綠色的，而是他穿著的大部分的顏色都是綠色的。這一類的人，除了開朗活潑之外，最重要的是，在他們遇到難題時，他們往往能夠看到希望，不會輕易被打倒。他們會從容地面對一切不如意。與這一類的人交往，我們會變得很堅強，當然，他也很少有心機，會督促我們上進。

❖ 穿著黃色的人單純善良，很少有祕密

黃色給人一種耳目一新的感覺，如果你遇到的人當中，有經常穿黃色衣服的人，這時候就要明白了，這一類的人很單純、善良，不會隱瞞對方。不過，這一類單純的

人有一個弱點，無法忍受被人欺騙，他會想不開、痛不欲生。因此，與總愛穿著黃色衣服的人交往，我們千萬不可耍手小手段，別人對我們真心，我們也要對別人真心，這樣，以心交往，情誼才會長久。

❖ 穿著白色的人大部分有潔癖

白色雖然不是顯眼的顏色，穿著白色的人雖然不像紅色衣服的人那樣熱情奔放，不像黃色衣服的人那樣單純可愛，但穿著白色的人往往很注重衛生，他們的生活很乾淨，如一些專業人士。白色會給人乾淨的感覺。不過，這一類的人不開朗也不活潑，但他們很有知識和修養，如一些藝術家，他們往往喜歡穿著白色的襯衫，這樣既能表現出他們的專業感，又能讓別人看出他們很有職業操守。當然，與這一類的人交往，雖然很難無時無刻充滿樂趣，但能夠增加自己的知識和涵養。不過，千萬不要和這一類穿著的人打馬虎眼，因為，你要和他們耍小手段，他們比你的城府還沉，到最後往往輸的是你自己。

下面看一則故事：

最近公司裡來了一位同事，相較於其他同事的職業裝呆板、單調，他總是穿著紅色、綠色等特別顯眼的衣服。因此，在很多成熟的男同事中，這位新同事顯得與眾不同。在剛來公司裡的一段日子，這位新同事就和很多人成為朋友。他很活潑、開朗，也很健談。恆志覺得有了這樣一個新同事，公司裡的氛圍就快樂多了。

經打聽，那位新同事名叫文宏。文宏是獨生子，由於從小經常被父母帶著到處旅遊，他認識了很多朋友。在他童年的相片中，可以看出他的衣著都特別鮮豔。尤其是在文宏旅遊的時候，他花花綠綠的衣服更像一個花花公子。文宏經常笑說自己穿著鮮豔的衣服是為別人帶來快樂，讓人不會在工作中感到沉悶。

果然，文宏成了公司裡的開心果。由於他總是帶來新鮮感，很多同事都喜歡他，而且都注意到他是一個很單純的人，毫無算計別人的心機。

恆志覺得自從文宏來到公司後，他的生活快樂了不少，人生中也充滿了樂趣。

面對這樣的同事，我們要去珍惜，他們能為我們的生活中添加樂趣，不會對我們耍心機。不過，如此單純的人，往往也有缺點，他總愛打扮得光鮮亮麗，說明他從小生活的環境很優越，而且他渴望別人的關注，不希望被孤立，如果人們對他的樂觀置若罔聞的話，他會很痛苦，長時間以來會封閉自己，走不出痛苦帶來的深淵。

當某一天發現他憂鬱時，就要開導他了，他此時一定有心事，你開導他，他就會走出不快樂，繼而再次活潑開朗起來，如果你對他低落的情緒不聞不問，某一天他走出了這些糾結，再次變得開朗時，可能不再會與你無話不談。要注意不要孤立那些活潑、開朗、單純的人，也不要只想著自己。

暴露穿著是想引人注目

那些透過穿著來吸引別人眼球的人，往往沒有實力，大部分只是花瓶罷了。雖然渴望被關注是一種正常的心理，但不要透過低俗的手段贏得別人的注意。要知道，穿著暴露固然會有人喜歡，但那種喜歡只是一時的，很快就會被別人厭倦。那麼，如何真正透過穿著吸引別人的眼球呢？

你可以從以下幾個方面著手：

❖ 穿著乾淨整潔的人能贏得讚賞的目光

穿著乾淨整潔會讓人投來很友好的目光。透過一個人的穿著，往往會讓別人確定他的性格、心理走向，而穿著乾淨整潔的人，會讓別人產生好感，繼而和他友好的交往。

❖ 穿著太樸素的人往往會被人忽視

隨著生活水準的提高，如果不在穿著上提升自己，只會落於別人眼中的平庸者。而那些穿著樸素的人，往往具有內在的修養，他們或許是菁英，或許是老闆，只不過是韜光養晦不想炫耀罷了。當然，優秀的人物穿著樸素會讓人產生好感也會引起注意，但要是普通的百姓穿著樸素的衣服，就會在芸芸眾生中難以讓人產生好感，無法脫穎而出了。不過，如果那些普通的人有外在的氣質，照樣會吸引別人的眼球。

❖ 在家穿著暴露的人渴望得到伴侶的溫暖

此類人並不是虛榮，只不過是想享受到愛情的甜蜜罷了。此類人如果在大街上也是同樣的穿著，就會讓他的伴侶不滿了。如果他在大街上穿著很體面，他的伴侶就會對他放心。所以，透過在家裡和在外面穿著的不同也可以判斷一個人的內心。

❖ 穿著時尚的人緊跟潮流

這一類人往往會隨時更換造型，當然，這一類人年輕有活力。他們也渴望得到別人的關注，不過，他們不是那種愛慕虛榮的人，只是想引起別人的注意，給別人留下好的印象罷了。這一類人能緊跟潮流，活得瀟灑而又自在。

❖ 穿著休閒的人心態陽光、心境平和

有很多人他們穿著很休閒的衣服，這一類人是心態陽光、心境平和的人。雖然他們不會過多在乎穿著，但也想給別人留下自然的印象，並不刻意去掩飾自己。這一類人能讓別人直覺判斷是否能夠和他們成為好朋友，因為，這一類人比較隨和，並不會透過某些方式掩蓋自己的內在和外在。

來看一則故事：

俊嘉和亭儀結婚三年了，由於俊嘉工作上的壓力越來越大，漸漸地對妻子有點冷落了。亭儀無法接受丈夫的冷漠目光，婚前他們那麼熱烈，婚後卻都變得冷淡起來。亭儀覺得，要想吸引丈夫的注意，有必要穿著時髦一些。想到這裡，亭儀就買了一些時髦但也暴露的衣服。這一招果然有效，俊嘉對亭儀再次有了興趣，他們的婚姻生活又充滿了幸福。

然而，無論如何，穿著暴露固然能吸引別人的眼球，但這不是最高明的手段。一個人要想長時間引起別人的注意，必須有內在的修養，這樣才不會讓人認為他只有外表好看。

由所開的車型了解個性

你能看出大街上那些開著車的人們有什麼樣的個性嗎？下面就他們的喜好作進一步的分析：

❖ 常開越野車的人

這一類人動作敏捷，不會婆婆媽媽。他們往往有很強的求勝欲，希望把別人甩在身後，讓自己永遠保持第一的位置。

這一類人灑脫、很有想法，就像是開越野車一樣，希望走一條屬於自己的路，能夠不辭勞苦地為目標奮鬥。

❖ 常開廂型車的人

如果細細留心，他們比較熱情、富有同情心，喜歡接觸各種新鮮的事物。他們討厭死氣沉沉的生活，對好事情都有好感。

❖ 常開經濟型車的人

這一類人並不是沒有錢，只是他們知道如何生活罷了。他們往往腳踏實地，不會鋪張浪費。

在工作和生活中他們很細心，他們穿著很得體，舉止也很優雅，如同淑女或紳士。

❖ 常開豪華型車的人

如果去仔細留意，這一類人往往不是富二代就是官二代，他們做事輕浮，喜歡炫耀自己，喜歡別人向他投以羡慕、欣賞的目光。

他們自我感覺良好，也很容易喜新厭舊，緊跟著時代的步伐，總保持時尚。但他們的內心是空虛的，往往會在追求虛無的東西中喪失了自我。

❖ 常開客貨兩用車的人

這一類人能夠節儉過日子，對旅行車也情有獨鐘。他們往往會在潛移默化中贏得別人認同，也能靠自己獲得成功。

這一類人在外界的肯定中不一定能發自內心的肯定自己，他們往往也會徘徊、彷徨，陷入糾結和迷茫之中。

❖常開迷你車的人

這一類人動作比較自由，喜歡無拘無束。他們會尊重別人的意見和看法，也會給別人自由的空間，一旦別人加以干涉他們，他們往往就覺得不自在了。他們個性比較獨立，不喜歡被人擺布。而且由於他們的行事有自我主張，容易贏得別人的尊重與信賴，贏得良好關係的同時讓自己獲得「獨立」、解放。

❖常開雙門跑車的人

這一類人行為舉止很強勢，他們希望成為領導者而不希望被人領導。一般來說，他們的控制欲、占有欲也很強，一旦有某一個事物進入他們的視線，引起他們興趣的話，他們往往就會不達目的不甘休。不過，由於他們行事太過自我，不容別人干涉，往往也會得罪人。

❖常開進口車的人

這一類人喜歡外界的事物，他們不拘小節，但缺乏團隊合作的精神。他們往往會被利益所驅，一旦他們的需求達不到滿足就會很自責。

不同運動暗示著不同心理

很多人喜歡運動，面對他們的一舉一動，你了解他們的心理嗎？下面，就常見的運動作進一步的分析：

❖ 喜歡舉重的人

這一類人往往體格很健碩，如果不是運動健將、專業人士，喜歡舉重的人往往缺乏自我意識，他們僅追求表面上的東西，而忽略了內涵。他們在意的是別人對自己的看法，為了迎合別人認同的目光，不惜犧牲自己，結果就有可能因邯鄲學步而失去本色。

❖ 喜歡游泳的人

這一類人除了特別的愛好之外，通常性格內向，希望透過游泳來逃避現實。這一類人往往孤芳自賞，沒什麼朋友，因為他就像鶴立雞群，雖然是人才，但卻逃避現實，缺乏發展的空間。

❖ 喜歡競走的人

這一類人個性張揚，喜歡標新立異，善於向別人展示自己獨特的方面。他們更具有叛逆性，崇尚自由和無拘無束，自我意識比較強烈。

❖ 喜歡慢跑的人

這一類人心態平和，做事有條不紊，不太會和人起衝突，較安於現狀，性情溫和，待人也親切。

❖ 喜歡打籃球的人

這一類人目標遠大，性格堅強，為了理想會不懈地努力，即使遇到困難和挫折也不會氣餒，反而更能激起成功的欲望，勇往直前，不達目的不甘休。

❖ 喜歡打網球的人

這一類人對待別人彬彬有禮，是大家心目中的謙謙君子，但是他們對待自己的要求卻非常嚴格，要求自己做任何事都要完美。

這一類人是有修養的、禮貌的，容易贏得別人的贊同。

❖ 喜歡踢足球的人

這一類人往往具有很強的攻擊性，在競爭中成功的可能性也很大，不過這一類人缺乏理性，脾氣暴躁。

然而這一類人是熱愛生活，積極樂觀的，拿得起也放得下。

❖ 喜歡打排球的人

這一類人不爭強好勝，他們看重的往往是過程而不是事情的結果，他們不拘小節，不會和別人斤斤計較。

❖ 喜歡打高爾夫球的人

這一類人往往具有較雄厚的經濟實力，他們的行為舉止也較慎重，因為他們的身分和地位比常人高，他們也注重自己的形象。

而且這類人有著優越感，會以成功人士自居，但他們的確有不服輸的精神及堅定的信念值得人敬仰。

❖ 喜歡釣魚的人

這一類人遇事沉著穩重，大有寵辱不驚的感覺。他們喜怒無色，不會為了一些的失去或得到自暴自棄。他們往往有一定的修養，也經歷過了人生的歷練，藉以釣魚來陶冶自己的性情，過好接下來的日子。

❖ 喜歡騎腳踏車的人

這一類人往往好奇心不強，他們很滿足目前的生活，而且他們的頭腦比較靈活，也很善良，會找到最便捷的路徑到達目的地。

❖ 喜歡打獵的人

這一類人不會拘於一室之內，往往比較重義氣、有責任感，做事也有魄力和勇氣，一直想把自己塑造為一個強者。

❖ 喜歡冒險的人

這一類人性格剛強，心思細密，勇於挑戰未知的領域，一旦決定要做就必須要做。他們不會輕易改變自己的決定，遇到挫折也會克服，有一種絕不放棄的堅毅精神。

❖ 喜歡體操的人

這一類人往往意志比較薄弱，會找一些藉口來撫慰自己。有時候很迷茫，但仍裝作若無其事的樣子，其實，他們生活缺少規律、自我約束能力差，需要別人的監督和領導。

❖ 喜歡團隊運動的人

這一類人性格比較豪爽，喜歡結交朋友，他們會以最快的速度融入團體，與人建立良好的友誼。

❖ 喜歡去健身房運動的人

這一類人性格外向，他們不害怕陌生人，更希望讓陌生人看到他們的健康身體。他們也會參加一些團隊活動，藉此讓更多的人認識他。

❖ 喜歡邊看電視邊做運動的人

這一類人自我意識比較強烈，喜歡察言觀色，也懂得安排時間。他們不會無緣無故地打擾別人，也不會讓別人無理由地打擾自己。

❖ 喜歡按照規劃運動的人

這一類人對自己的要求非常高，當然對別人的要求也很高。這一類人往往是領導型的，下出的命令不容別人改變。

❖ 喜歡一邊做事一邊運動的人

這一類人性格開朗，善於自我開導，一旦生活中枯燥了、乏味了，他們就會找到讓自己高興的事情。自娛娛人，往往是他們生活中不可缺少的一部分。

❖ 喜歡一對一運動的人

這一類人希望能在兩者中有輸贏，他們做事也會乾淨俐落，很少拖延。他們有危機感，會時常提醒自己，也是會表達感情的人。

喜歡借錢的人有責任感嗎

別人沒有理由也沒有義務一直借錢給我們，我們就沒有必要一直向別人借錢。要知道，別人可以借給你也可以不借給你，別人借給你是你欠他的人情，別人不借給你是理所當然。那麼，如何辨別某個人是否討厭你向他借錢呢？

下面教你幾個方法：

❖ 樂此不疲的借你錢，說明他還不討厭你

如果你向他借錢，他毫不猶豫就借給你，說明他還不討厭你。但不要一直借錢，以免讓這個一直信任你的人反感你、厭惡你了。

❖ 沒錢不借，說明他對你還不至於反感

他有錢時會借給你，你會高興；當他沒錢時他不借給你，你會生氣，但他憑什麼一直借給你呢？

這時候，如果你仔細思量，會發現，原來沒有責任感、不講義氣的是你。雖然他現在還不至於反感你，但在他借你錢的時候迎合他，在他不借錢的時候就疏遠他，逐漸，他就會對你很反感了。

❖ 有錢不借，說明他開始討厭你了

他憑什麼要借給你呢？就因為你們是所謂的「好朋友」嗎？他也有自己的生活和顧慮，為什麼一直要把錢給你、為你服務，讓自己過得殫精竭慮呢？

來看一則故事：

維倫在公司裡工作五年了，他的薪資很高。今年，公司裡來了一個新同事威廷。由於威廷剛大學畢業，沒有經驗，威廷的薪資就很低，但威廷不想過「月光族」的生活，就向公司裡的人借錢，說月底就還他們。一次，威廷把手掌伸向了維倫。

維倫雖然還在為買房發愁，但他看到威廷誠懇的樣子就借給他錢了。維倫沒有想到的是，到了月底，威廷卻因為錢不夠花了，不但沒有還錢，還求維倫再借錢給他。維倫一時心軟了，又再借錢給他。威廷還保證，下個月一發薪資，他就會一次還清。但下個月到了，威廷還是沒有存下錢。於是，又向他認為「最好的朋友」維倫借錢了。

如此，接二連三，從不間斷，維倫受不了了，對威廷說：「我沒有義務再借你錢了，我有我的生活，不能再借你錢了。」

威廷睜大著眼睛說：「你比我賺的錢多啊！薪資是我的三四倍，憑什麼不借我啊？」

對於得寸進尺的威廷，維倫說：「我賺得多是我有能力，既然你沒那能力，就不要每天都過奢侈的生活。你跟別人借了錢就該還！」

威廷說：「可是，我現在還不起啊！」

「既然還不起，我更不能繼續借你了。」

「真不夠朋友！」威廷和維倫絕交了。
維倫沒有太在乎，他必須讓威廷明白，沒有責任感的人是無法獲得尊重的。
後來，威廷意識到自己的錯，向維倫賠不是，說要靠自己的能力好好賺錢了。

朋友不是我們的提款機，也不是我們的銀行，沒有理由一直借錢給我們。那些只知道靠借錢過奢侈生活的人毫無責任感。

要知道，有借有還才會再借不難。要是一直借而不還，就算你信誓旦旦說一定會還，但時間久了，誰還相信你呢？

正所謂「日久見人心」，你不守信，就不會再有人信任你了。

朋友沒義務一直幫助我們，就連親兄弟也要明算帳，何況是沒有血緣關係的其他人呢？

何必一直靠別人的接濟生活呢？既然目前過不了想要的生活就更要努力，這樣才最明智。不然最後不只得罪了朋友，還得背下「遊手好閒」、「不學無術」、「寄生蟲」的不好名聲了。

戴墨鏡是不想被人看到真實的自己

戴墨鏡的人不是虛榮，也不是故意耍酷，說不定他們就比你想像得長得好看。這一類人往往心思較細膩，如果你是那種愛慕虛榮的人，他就可能不會讓你見到他的廬山真面目。如果他覺得和你有交往的可能，就會讓你看到他最真實的樣子。對於這種給人模糊感覺的人，我們該如何判斷呢？

戴墨鏡有以下幾種可能性：

❖ 始終不讓你見到他的真面目，可能他真的不好看

每個人都希望得到別人的喜歡，那些掩蓋面目的人，如果長時間，甚至一輩子不讓別人看到他的廬山真面目，說不定他真的很難看，他們寧願戴著面具活著，也不願意讓自己喜歡的人對自己的面目失望。

❖ 經常戴墨鏡的人往往都長得好看

這一類人很注重於外表，即便長得不是多出色，也會注重打扮自己。整體來說，這一類人往往給人長得好看的感覺，並留下良好的印象。

❖ 先給你神秘感的人往往很出色

那些一開始半遮半掩，讓你看不清的人，最後往往會驚豔你的視線，你不曾想到對方是那麼出色、好看。這一類人本身就很出色，他們不張揚，懂得韜光養晦，受許多人喜愛。

❖ 一輩子都不知長相的人或許是你喜歡的人

我們常常會抱怨「喜歡的人不出現，出現的人不喜歡」。然而，你有沒有想過在你身邊戴著墨鏡的人，或許會是你十分喜歡的人，但你並不知道他的長相，他也沒有讓你看到他的真面目。就這樣，你們錯過了。很多時候，你會發現錯過的人最該珍惜。

❖ 有神祕感不代表就是優秀的人

大部分有神祕感的人會讓我們產生好奇，但並不是所有神祕的人都會讓我們產生好感。就像是騎白馬的不一定是王子，有可能是唐僧一樣，給人神祕感的人不一定是優秀的人，而且說不定是很壞的人。關鍵是我們要透過其他的外在判斷他的內心的好與壞，這樣，我們才能確保是跟隨他還是放棄他。

下面，簡要介紹「戴墨鏡是不想讓別人看到真實的自己」：

有兩個人在談話，一個人說：「有一個同事經常戴著一副墨鏡，一直以為他在耍酷，後來才知道，他戴墨鏡是因為眼角有點毛病，不想讓別人看到。」另一個人說：「喜歡戴墨鏡的人，除了耍酷之外，就是不想讓別人看到真實的自己。戴著墨鏡，讓別人無法得知他的廬山真面目，但能給人美感，讓人產生好奇。就像是霧裡看花，總能引起別人的興趣。其實，就是要給別人一個想像的空間。」

對於此，有的人認為戴墨鏡的人除了酷，就是長得醜。是這樣子的嗎？要知道，戴著墨鏡的人雖然不想讓別人看到真實的自己，但有兩種可能，一是比你想像的出色，一是比你想像的遜色。

明白了這些，就知道戴墨鏡的人並不是長得不好看了，他們只不過是不想讓別人看到真實的自己罷了。

對首飾的選擇反映出不同的內心

配戴首飾不僅是裝飾外在的一種方法，也象徵著一個人的自我表現欲。仔細留意便可以得知，性格內向和外向活潑的人選擇首飾的類型是不同的，因為這些首飾會襯托出他們的內涵與氣質。

根據心理學家的調查，總結出了人們配戴首飾時的心理：

❖ 喜歡配戴手鐲的人精力充沛，有活力和朝氣

如果配戴的是華麗的時尚手鐲，那麼表示這個人對時尚很關注，是潮流的追逐者；如果配戴的是玉質的手鐲，那麼則表示這個人較為傳統。

配戴手鐲代表著一個人的追求，一個人的理想，可以從中去發現他喜歡什麼，想要什麼。

❖ 不配戴首飾的人對自己的想法與生活方式都非常堅定

如果遇到了這一類人，說明他們對自己的想法和生活方式堅定，並不需要透過飾品來襯托，他們會保留著原來的自我。這一類人看起來顯得保守又拘謹，不過這一類人的思想並不單純反而是成熟，他們的內心是非常堅定和果斷的。

❖ 配戴宗教飾品的人有深沉的內在力量，以自己的信仰為榮

有些人會配戴宗教的飾品，如十字架、佛珠，這一類人具有內在力量，對自己的信仰感到光榮。這一類人是很實際的，不會透過首飾來炫耀自己的身分。

❖ 喜歡配戴民族首飾的人大多愛出風頭、愛表現自己

這些人無論走到哪裡，都會成為眾人關注的焦點，這些人會把熱情傳染給他人。這一類人個性鮮明，很樂觀、積極、富有幻想，會有自己獨特的思維，但整體上來說，這一類人愛出風頭、愛表現自己。

❖ 喜歡配戴傳家首飾的人熱衷於家庭，對朋友也忠誠

經常看到，有些人會配戴「傳家之寶」，這些「傳家之寶」有可能是舊的手鐲、耳環或者戒指，但這一類人對不新潮的飾品很感興趣，可見他們對家庭的忠誠、對家人的熱愛，而且這一類人在對待朋友上也是忠誠的。

❖ 喜歡搭配胸針的人高雅而不失靈活，以此來點綴自己的氣質

喜歡搭配胸針的人會講究穿著，會重視服裝的整潔或搭配。這一類人是高雅的且不失靈活，他們別上一枚精緻的胸針可以彰顯他們個人的氣質。這一類人會關注自己的形象，會想得到他人的了解。

在與人交往之中，這一類人不會做出貿然的決定，從而會顯得很細心。不過，性情會多疑，信任他人少於信任自己。

❖ 喜歡配戴昂貴且耀眼首飾的人在掩飾著自己膽怯的一面

這一類人通常自認為富有，透過昂貴且耀眼的首飾宣告自己是上流社會階層。在他們的內心，是爭強好勝、力圖上進的，對金錢和權力很熱衷，會瞧不起那些低層的人。

這一類人很注重物質上的享受，會因為經濟狀況上的不善而變得不滿，他們會因擁有很多的金錢而感到滿足、安全。但這類人滿身珠光寶氣，恰恰是他們內心空虛的表現，他們想透過外在的裝飾來掩飾自己虛弱、膽怯的心理。

❖ 喜歡配戴廉價首飾的人把外貌放在首位

這一類人可能沒有錢買真品，所以身上會穿著一些贗品。這一類人把自己的外貌放在首要的位置，往往對生活有高品質的要求。這一類人雖然沒有錢買真品，但贗品也可以襯托出他們的外在。只要喜歡，不管品質如何都會配戴在自己的身上。

❖ 喜歡配戴金首飾的人往往很有自信

金光閃閃的金首飾給人一種炫耀的感覺，如果喜歡在身上配戴金項鏈、金戒指、金耳環等，那麼可以看出這個人自信的心理。他會認為這些裝飾品很漂亮，只有這些才會襯托出自己的內心。

這一類人在性格上是外向的，喜歡與人交往，喜歡在交際上贏得別人的尊重。但如果只是配戴少許金飾品，如一塊金手錶等，表示這個人品味很高，而且這個人的性格並不是太外向的，他往往約束著自己的行為，態度也有章可循。

❖ 喜歡配戴銀首飾的人會按照制定好的規劃來行事

喜歡配戴銀首飾的人對秩序是重視的，在做事的時候會偏向先制定好計畫，然後會按照這個計畫進行。

在工作當中，會看到這一類人按著固定的順序工作，但當遇到了意料之外的事情，他們往往會顯得不知所措。

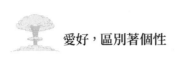

看透親友，生活中的賽局

你常為親友的一些小動作、小情緒而困惑嗎？你常為無法和他們好好交流而煩惱嗎？

他們不會直接透露真實想法，不過，他們的外在卻透露了不能說的祕密。

腳越抖表示心裡越著急

我們抖動，除了因為冷和害怕之外，還有可能是心中著急的表現。仔細想想，抖動往往伴隨著緊張、不滿，如果我們對某件事情厭煩了，就會將微弱的刺激傳至腦神經，腿、腳開始抖動。

如果沒有很頻繁抖動的話，說明還不沒那麼厭煩與緊張，會盡量隱藏這種不安，不讓別人察覺。

美國加州大學的一個博士做過一個研究，在某些情況下，如果有人靠近自己，感覺到要被侵犯的話，腳便開始抖動，而且內心的恐懼越大，抖動就越厲害。

這說明人在面臨威脅感到不安時，會做出相應的反抗。

可以留心身邊的某些人，如果他抖動，說明他正在緊張或不安。這些不安可能是因你所致，可以透過讓氣氛緩解下來減少他的不安。這樣，他才會慢慢的趨於平靜。

不過，有些人抖腳成為習慣了，一旦感覺到不順，就無法克制住心中的焦躁，他會流露出不高興的情緒，也會很發火、不知所措。

這一類人依賴性也很強，以自我為中心，隨隨便便就會產生不滿的情緒，他需要別人的諒解與支持。一旦無法得到他想要的，他的心裡就會著急，腳開始抖動。

腳越抖的人表明他的心裡越著急，我們有必要設法讓他鎮定下來。不然，他會意亂情迷，沒有主見。

當然，容易抖腳的人很難被委以重任，因為他們往往會在緊要關頭出現失誤。但他們絕不是一無是處，在靜下來的時候，他們更容易反思問題，做到讓別人滿意。

躲避熟人可能是因為不合群

當遇到和你熟悉的人，他卻躲得你遠遠的，這時候要明白，他並不是討厭你，他只是不太合群，遇到熟人不知所措罷了。然而，遇到躲避熟人的人並不一定就是不合群，有的人是因為開始厭倦對方了。那麼，如何辨別不合群和討厭對方呢？

有以下的幾個見解：

❖ 平時和你很投緣，偶然躲避你的人不合群

這類人有時和你無所不談、很親密，而有時見到你時卻會躲得遠遠地，此時，不用擔心，他並不是討厭你，只是偶然遇到你讓他不知道該怎麼辦罷了。當下次遇到你的時候，他可能就會先走近你，與你再次親近。

❖ 平時就疏遠你，見到你時躲避你的人討厭你

此類人平時懶得搭理你，當偶然遇到你的時候裝作沒有看到你。此時就該明白這類人不喜歡你，甚至是討厭你了。如果你主動打招呼，他往往會裝作沒有聽到，甚至對你拋來冷眼。此類人很難再有交往下去的可能，也許你們之間曾有過節。基本上，一旦某個人對你嗤之以鼻，你們之間就難以成為朋友。

❖ 見到你時主動打招呼的人很合群

這類人見到你時首先對你打招呼，說明他對你有好感，當然，這類人往往很合群，希望有越來越多好朋友。如果這類人向你打招呼，你冷漠的瞥了他一眼，他若在乎的話，可能會有不合群的舉動；他若不在乎的話，並不會在意別人對他的戒備。

❖ 對你的熱情沒反應的人正在疏遠你

無論你多麼熱情，如果他都表現出一副很淡定的態度，那麼，這個人可能和你之間的關係正在慢慢淡化。他想要疏遠你，想要把你從他的生活中踢開。長此以往，如果不嘗試與他重建親密關係的話，他就有可能把你忘了。

❖ 相互打招呼的人關係很好

如果你們都會主動打招呼，那麼，說明你們的關係還不錯。而且你們以後會有可能經常在一起，因為，這樣的人沒有戒備，對朋友很真誠，和這樣的人交往不會感覺到很累，不會某一天需要猜測他不理你的原因和心理。

下面是關於「躲避熟人可能是因為不合群」的故事：

博仁認識了一個很有才華的同學賢尹，由於博仁的成績不好，他對才華橫溢的賢尹非常羨慕，把他視為崇拜的對象。在博仁的努力之下，賢尹和博仁成了最要好的朋友。

然而，由於性格上的差異，博仁經常喜歡到操場上打籃球，賢尹則喜歡泡在圖書館裡。這樣，一來二往，兩人之間的關係不再像一開始那樣親密。尤其是讓博仁感到奇怪的是，賢尹和他見面的時間越來越少。博仁經常邀賢尹吃飯，賢尹都以忙為理由拒絕了博仁。博仁以為賢尹真的很忙，就沒有去打擾他。

一次，博仁在和一群朋友打球回來時，遠遠地看到了賢尹，博仁想把賢尹介紹給他的朋友，可是，賢尹抬頭看見了博仁卻轉身躲開了。博仁不知道為什麼賢尹要躲他，他猜賢尹討厭他了，心裡很失落。

接連幾次碰面，賢尹都掉頭躲開博仁，博仁很傷心，覺得有必要讓賢尹明白他的心情。

於是，博仁找到賢尹說：「你為什麼要躲我？」賢尹沒有說話。博仁接著說：「你是不是討厭我了，不想再見到我了？」賢尹說：「沒有啊！我很喜歡你。」博仁說：「我們這麼要好，你有什麼事別隱瞞著，是不是我做了什麼讓你不開心？讓你不想再見到我？」賢尹平靜的說：「我並不是不想見到你，只是在偶然見到你的時候並不想和你聊天，想要一個人靜一靜。」博仁困惑的說：「但我是你的好朋友啊！為什麼偶然遇到我的時候不想和我聊天呢？」賢尹說：「因為習慣了，我喜歡一個人的日子。」博仁又和賢尹聊了一陣子，才知道賢尹看見他躲避他不是討厭他，而是賢尹喜歡孤獨，他並不是一個合群的人。明白了這一點，之後賢尹躲避他時，博仁不再抓狂了。

這種人不喜歡整天栽在人堆裡，他們喜歡一個人清淨的日子。他們的朋友不多，不過，他們往往具有知識涵養，或者是某一個領域的大師，或者是某一個行業裡的菁英。這類人並非天生不合群，只是後天的原因造成了他們內向、孤僻的性格。例如，從小父母離異，一個人沒有享受到親情的溫暖；長大後選擇的職業讓他們必須靜下心來，不能過多分散心思。

如果你身邊有這種不合群的人，最好多關心他。他們的內心也是渴望有人理解的，有時候真的很需要朋友，只不過他們平時不合群罷了，在想要有別人開導時往往會孤立無援。

歪頭看是因為感興趣

我們常為親友莫名其妙的舉動感到困惑，例如他們忽然一動也不動，而且十分投入的樣子，這是傳達什麼樣的訊號呢？

我們一起來看看：

❖ 歪頭看是在感興趣

如果一個人對一件事物產生了興趣，他除了瞳孔會放大之外，對於那些不輕易表露自己內在想法的人，他會把自己的腦袋歪向一邊，而且用雙眼注視著他所觀察的事物，一副聚精會神的樣子。這一類人往往是那些不善於交際、性格沉穩的人，他們不易暴露自己的想法，會透過歪腦袋的小舉動反映出他的內心。

❖ 低頭的人表示此時心情沮喪

如果一個人正為某件事所煩憂，他會低著頭，一副無精打采的樣子，這時候要試著解開他心中的疙瘩，讓他走出這一段不愉快。

❖ 昂首的人不一定很高傲

如果一個人很傲慢，他走路時會把頭仰向天，好像「天上地下，唯我獨尊」，這一類人優越感很強，難以與人交流，因為他們高傲的性格就決定了他們知心的朋友不多。但有時，突然遇到意外的驚喜，除了滿臉笑容外，人們也會把頭抬起來，大步的在街上走著。

❖ 左顧右盼表示精神不集中

當一個人對一件事情並不感興趣的時候，他的腦袋往往會轉來轉去。當你在說話，對方正在想其他事情的話也會轉動腦袋，他沒有將你的話放在心上，他的大腦的神經系統決定著他此時要集中於另一件事。

下面就「歪頭看是在感興趣」舉一個故事：

阿賢有一個妹妹，不過這個妹妹性格孤僻，很少與人交往，阿賢很少看到她笑。阿賢一直想討妹妹歡心，但是他用盡了各種辦法，仍然只見妹妹冷冰冰的面容。但是，有一次，阿賢注意到了，妹妹正歪著腦袋看他的滑稽表演。阿賢知道妹妹對這項表演感興趣了。於是，阿賢便更加賣力的表演，果然，妹妹漸漸露出歡欣的笑容，而且還咯咯笑了起來。

之後，只要妹妹歪著腦袋專注於某件事情，阿賢就知道妹妹感興趣了，便努力在那件事情上讓妹妹歡樂起來。

久而久之，妹妹也逐漸變得開朗了起來。

只要一個人靜靜地觀察著某一件事物，就說明這件事物引起了他的注意，這時候搞懂他的想法，才能進一步與他交流和溝通。

不斷搓鼻子表示緊張

說謊者最擔心、最害怕的事就是謊言被人揭穿，只要心中有祕密就會害怕被別人知道，但他們的這種隱藏會在臉上表現出來。

例如，習慣說謊的人往往會搓鼻子、揉眼睛，藉此轉移別人的注意力。他們會顯得不安，為了掩飾不自然的表情，就會透過一些外部動作來隱瞞真相。

他們不斷地搓鼻子讓別人看出他內心緊張，他們試圖掩飾臉上的表情來蒙蔽對方的視線卻適得其反。

但是，不斷搓鼻子的人並一定代表心中有鬼，也不一定是在蓄意撒謊。說不定他們在給對方一個意外的驚喜，讓對方不輕易察覺罷了。這時候，他才會出現搓鼻子的小動作。

還有，他們不斷搓鼻子，可能是因為對某位異性有好感卻又不知如何表達，才透過搓鼻子害羞地傳達自己的愛意。這一類人比較樸實，不善於表達自己，到最後可能會與深愛的一方失之交臂。

另外，不斷搓鼻子的人也可能是一些謙虛的人。他們透過不斷搓鼻子讓別人不要為此牽掛，減少別人的心理負擔，他們往往會這樣說：「只是小事，不要放在心上！」

可見，不斷搓鼻子的人不一定是撒謊者。

搓鼻子是一種對自己不太信任的表現，並不想刻意隱瞞，但時機尚未成熟，所以透過搓鼻子來傳達出自己的意願。

當然，這一類人往往會有所隱瞞，搓鼻子的小動作不自然地表現出來，說明他們內心緊張，害怕別人不信任他們。一旦別人相信他們，他們就會很高興；一旦別人否定他們，他們就會不停的搓鼻子，想著如何讓別人信任他們，他們的內心也是忐忑不安的，想不到辦法就會很失落。

總之，不斷搓鼻子的人往往是因為內心緊張，想隱藏某件事情、不讓某件事情露出破綻，但這樣的人中也有坦蕩蕩的君子，我們沒必要以偏概全。

回家後關心你的人不會背叛你

喜歡夜生活並沒有錯，重點是我們能不能和喜歡夜生活的人成為終生的朋友，尤其兩人如果是情侶，這時候就更要注意了！究竟，喜歡夜生活的另一半是否能信任？

我們可以透過一些小事去琢磨：

❖ 半夜回家懶得理你的人可能會背叛你

如果他每天回到家裡都是大半夜，拖著一副疲倦的身體倒頭就睡，你問他話他也不回答，這時候就要注意了，他可能已經有了新對象或是對你失去了興趣，但他還不確定那人是否比你更優秀。一旦他發現他在乎的那個人比你更出色，你就會被冷落了。

❖ 回家後關心你的人不會背叛你

如果他每次回到家都是大半夜，即便很疲憊也總會關心你睡著了沒有、吃飯了沒有、被子蓋好了沒有……那麼，他還是很在乎你，不會輕易背叛你。這時候，你就要跟他說「經常這麼晚回家不好」，如果他向你道歉，他以後也不太會背叛你；如果他說回答是因為愛好或出於禮貌無法拒絕，他以後可能會背叛你。一個真心愛你的人，不會為了晚回家找藉口。

❖ 總會找理由搪塞你的人可能不再喜歡你

你希望他不要去夜店，他說是自己的愛好非去不可；你要他早點回家，他晚回來了說是有其他的原因；你問他在夜店裡發生了什麼事，他總是不在乎的敷衍你……這時候，就有必要清醒了，他可能有另外喜歡的人了。

❖ 回家總是大談夜生活的人不易花心

即便他多麼喜歡夜生活，如果他回來後饒有興致的告訴你一切。說明他最喜歡的還是你，去夜店只是為了放鬆罷了。他的一舉一動、他的內心都可以看出，他會毫無保留地說出夜店中的事情，不會有祕密、不會隱瞞你、不易花心。

我們是該盡量避免與花心的人交往，以免付出了真感情到最後卻遭背叛。只是茫茫人海中，我們很難知道哪一個人才是自己終生伴侶。於是，我們與很多人擦肩而過，也認識了一些人，雖有了戀人，但一旦戀人不忠，就會面臨離別。如今，夜店似乎成了人們生活中的一部分。如果你的另一半喜歡去夜店，且喜歡和很多人「談心」，面對這樣的伴侶，最好選擇放棄，以免最後他背叛了你，讓你苦不堪言。

仰臥呈大字伸開的人通情達理

一個人睡覺的姿勢，可以展現出他的內心。人們在睡眠時無法控制自己的無意識行為，我們可以透過一個人的睡姿看到他的本性。

我們來看看常見的幾種睡姿：

❖ 側臥，一腳屈膝，一腳伸直

這種睡姿的人是敏感且愛慕虛榮的，很講究物質上的享受，如果仔細留意，會發現這種人的金錢觀念真的很差。

但在生活中，這類人有較強的適應能力，能夠迅速接受新鮮的事物。不過，這一類人做起事情來會粗心大意、會犯下健忘的毛病。

❖側臥，雙腿併攏，身體微曲

這一類人的性格外柔內剛，表面上看起來溫和，內心上卻十分堅強。這一類人正直、有耐心、責任感和正義感。在生活中，會給人踏實且穩重的感覺；在工作上，這一類人會按部就班，並不急於求成。

這一類人會有著很好的商業頭腦，在理財上算是佼佼者。

❖側臥，雙腿併攏，身體曲成弓形

這一類人往往會緊貼著牆壁入睡，自我保護意識強烈。他們是心思細膩的人，對環境缺乏安全感，情緒也變化較快，是難以掌控自己喜怒哀樂之人。

如果在睡覺的時候，把雙手放在兩腿之間，或者是夾著被子入睡，則表示了他們的氣質高雅、性格溫和。他們在意他人的眼光，會因別人的看法而自卑。

在缺乏安全感的時候，他們會出現雙臂交叉抱胸前、翹二郎腿等防禦的動作。

❖仰臥，一腿彎曲，一腿伸直

這一類人固執己見、自我意識強烈，很容易和朋友之間鬧得不愉快。這一類人的脾氣很大，但是性格剛毅。

會因為別人的過失而疏遠，較常呈現自己喜怒無常的一面。

❖ 仰臥，雙膝曲起

這一類人注意性格上的平衡，在做事情的時候也講求均衡。他們的性格樂觀、開朗，能與他人融洽相處。他們在工作上能贏得同事、上司的尊重和喜愛，會以他們的真誠、樂觀感染著他人。

他們在發怒時能夠很好的自我控制，很少感情用事。只是在面對自己心儀的對象時，會表現得害羞，難以好好表達自己的情感。

❖ 仰臥，呈大字型伸開，此類人通情達理

有這種睡姿的人，性格開朗，天生就是樂觀的，他們會把朋友的事放在第一位。這一類人很有好奇心，熱衷於挑戰和冒險。在生活上則是顯得較為散漫，出手闊綽，卻因為不會理財而陷入經濟危機中。這類人還缺乏處世的耐心，會因不堅定而中途放棄。但這一類人整體上來說通情達理，值得結交。

我們結交朋友，要知道他是一個什麼樣的人，我們總能發現對方令我們敬佩或生厭

的地方。但整體來說，天生樂觀、性格開朗的人值得我們結交，雖然他有著不會理財的弊端，但人非聖賢，沒有人是完美的，我們要能看透朋友的內心，從他的睡姿上也可以反映出他的內心狀態。

選擇什麼樣的朋友決定我們將來擁有什麼樣的人生。

搶坐計程車前座的心理

在乘坐計程車時，你可以坐在前座也可以坐在後座，但為什麼有人不願意坐在前座，有的人卻樂意坐前座呢？這與他們心裡的想法有關。如果乘車不用付車費，大家都想坐在前座，但搭乘計程車不能不付錢，坐在前座固然舒坦，但車費就要由他付了。搶坐在前座的人是有責任心的人，怎麼說呢？

可以透過一些細節發現：

❖ 很樂意坐在前座的人不會計較誰付車費

很樂意坐在前座的人往往有一種大哥哥、大姐姐的胸懷，他們為別人付車費是心甘情願的，且樂在其中，即便車費有點高，也不會和其他人分攤。這時候，其他人也不能總是讓那個人付車費，畢竟計程車不是他一個人搭乘。如果長時間置若罔聞，當他的熱情被耗盡後，就會覺得這幫人不值得結交了，因為自私的人很難贏得別人的尊重。

❖ 坐在前座的人並不會過多地表現自己

在乘坐計程車時，坐在前座的人不會過於緊張，也不會過於興奮。這時候，如果你看看他的臉，會發現他很淡定。因為他不認為坐在前座是一件多負擔的事。他表現出一種淡定的態度，說明他接受了目前付車費的位置，並不會和其他人有分歧。

❖ 因為車費不坐前座的人沒責任感

一開始，很多人搶坐前座是為了舒適，但他們知道車費由他們付時，他們往往就會為難了。坐在舒坦的前座要付錢，坐在擁擠的後座不用付車費，如果他們想來想去，選擇了寧願和別人擠在一起，那麼，這樣的人很難有責任心，而且漸漸的，你會看出這個人是個小氣、自私的人。

❖ 坐在前座禮讓的人有愛心

在乘坐計程車時，往往有幾個人要坐在前座，他們都有責任感，但到最後只有一個人能坐在前座，那些主動退讓的並不是逃避責任，而是他們的心很寬容，通常會原諒別人，不會和人斤斤計較。這樣的人會贏得很多人的喜愛與關注，因為他有仁愛之心。

❖ 只往後座擠的人是小氣鬼

想想，一個人坐在前座，不會被擠得不舒服，但為什麼有的人就偏偏不願意坐在前座呢？在和別人乘坐計程車時，他寧願在後座被擠得動彈不得，這樣的人不是因為付不起車費，而是因為他小氣。漸漸的，你會發現他往往會為了一些雞毛蒜皮的小事吃不下飯、睡不好覺。

看看下面的故事：

俊利還沒畢業就進入一間公司實習，他認識了很多同事，人際關係處理得很不錯，經常在週末的時候約出去聚餐。

幾次之後，俊利發現總有一個男同事每次都搶坐在前座，一開始俊利非常不滿，心中暗自嘀咕著：沒看到我們坐在後座被擠得不成樣子嗎？自己卻舒服的坐在前座！

俊利很看不慣那個男同事，但是他後來發現了，每次下車時都是那個男同事付的錢，而且他總是一副若無其事的樣子。

不論是從公司到其他的地方去聚餐，或者出去旅遊時，如果是叫計程車，總是那個男同事掏錢。漸漸地，俊利對他充滿了敬佩。

快畢業時，俊利要回學校拿畢業證書，那個男同事問俊利有沒有買好火車票，俊利說沒有，他馬上替俊利訂了車票，俊利非常感動。

在俊利去火車站時，他買了一些水果給俊利。俊利說：「我覺得你是公司裡最好的人。」

男同事笑笑說：「為什麼呢？」

俊利說：「因為每次搭計程車你都坐前座，都主動付車費，被這點就能看出你是一個很有責任感的人。」

那個男同事笑著說：「我在公司裡的資歷最深，比你們的薪資都高一點，難道在搭計程車時讓你們付錢？那我這個前輩也太糟糕了吧！」

俊利說：「除了這一點，我覺得你以後會在公司裡發展得最好。」

那個男同事故作不明白，對俊利說：「未來的事情不確定，誰知道誰發展的好，誰發展的不好呢！」

俊利說：「我敢肯定你將來一定有好人緣。」

果然，過沒多久，那個男同事就升遷加薪了。因為他有責任感，贏得越來越多人的信任，有知心的朋友路更寬。

這類人的內心很明確，不是自私而是隨時都在為別人著想。

雖然一開始會遭到別人的誤會，但他們會忍耐下來，時間長了別人就知道他們內心真實的想法了。

社交，領悟對手生存策略

知人知面不知心，尤其是在社交場合之中，我們會遇到各色人物。
想要贏得好人緣，完全看透每個人便是最重要的。

對你搖頭可能是要幫助你

一般來說，搖頭就是代表「不」的意思。不過，在不同的地域與場合，還會有不同的意義。因此，我們不能以偏概全，必須做到具體問題具體分析。

下面簡要介紹幾種常見的搖頭：

❖ 搖頭頻率高是明顯拒絕的意思

當搖頭表示拒約時，人們的頭部動作就會左右搖晃得十分明顯，而且頻率也很高。這個動作暗含著對對方所說的話非常不耐煩。

❖ 搖頭幅度小、頻率非常低是暗示對方繼續說下去

當一個人聽另一個人說話時，也會出現搖頭的動作。雖然這也是搖頭，但搖晃的幅度非常小、頻率非常低。這時的搖頭不代表否定意味，反而帶著一種暗示，是聽話者在暗示對方繼續說，他暫時沒有發話的打算。

❖ 嘴上讚賞你，卻時不時地搖頭表示並不看好你

一個人嘴上大力讚賞你，卻時不時地搖頭說：「我一定會考慮你」、「我很欣賞你的

作品」、「我們會合作得很愉快」等。不管他們的態度有多麼誠懇，但他們的搖頭動作都是他們內心消極態度的展現。所以，你應該多注意。

❖ 得意時也會搖頭晃腦

有些人在得意之際也會搖頭晃腦，比如，唱歌唱到高潮部分時，他會不自覺搖頭，或者在品嘗美食的時候，也會一邊吃，一邊不斷地搖頭說：「哦，真不錯，真是美味。」

既然如此，就以「搖頭可能是在幫助你」舉一個故事：

一天，小孫與上次在飯局中結識的唐經理不期而遇。剛打完招呼，唐經理就問：「小孫，你上次不是說要找我幫忙，怎麼一直沒見你來？我可是一直在等著你的出現呢！」聽唐經理這麼一說，小孫不解其意。他不知道唐經理葫蘆裡到底賣的是什麼藥，上次他向唐經理提及請他幫忙的事時，唐經理明明對他搖了搖頭，而如今怎麼又主動提出要幫忙，這到底是怎麼回事？難道唐經理是在說客套話？

但是，小孫又見他一臉真誠，並沒有敷衍自己的意思。於是，他便斗膽問了唐經理一句：「唐經理，我斗膽問一下，請問你是真的想幫我的忙嗎？」

唐經理一聽，臉色立即陰沉下來，很不高興地回答說：「你看你這年輕人，我這麼大把年紀了說話還能不算話？我是真心想幫幫你們這些有志氣的年輕人啊！」

小孫更加不解了，便索性把事情弄個明白。於是又問：「可是，我上次請您幫忙時，怎麼見您直搖頭？我還以為您是在拒絕我，只不過沒有口頭上說出來而已，所以我就沒有再去找過您。難道您當時不是在拒絕我嗎？」

唐經理終於弄清楚是怎麼回事了，便大笑說：「你太不了解我了，搖頭是我的習慣性動作，我不僅在拒絕別人的時候搖頭，有時候，我希望別人繼續講話時也會搖頭，吃到好吃的東西時也會搖頭。這麼看來，你這個年輕人不會讀心，你可以翻翻心理學方面的書籍，心理學對搖頭的含義有很多不同的解釋。相信看過之後你就不會再那麼單一的看待搖頭動作了。」

小孫這下終於明白了，原來是他看錯了唐經理的用意。這一錯白白耽誤了他這麼長時間，不然的話，他早就得到唐經理的幫助，度過如今的難關了。

可見，搖頭並不代表拒絕，搖頭很可能是對方要幫助你。

生物學上說，搖頭是人們出生後學會的第一個動作，起源於襁褓中的哺乳時期，嬰兒在吃飽後用來拒絕奶水或其他食物。顯然，人們從孩童時候就已經開始用搖頭來說「不」了。

看到搖頭的動作，人們很自然就會覺得那是拒絕、否定的意思。但搖頭可不是只有一個意思哦！對你搖頭的人也許是想幫助你的人。

以示弱鬆懈對方防備

在與人交往時，故意顯露自己的某些弱點，可以讓對方放心。想想，你越強對方就會越有危機感，只有示弱才能讓對方鬆懈下來。不懂得示弱的人，往往會讓別人戒備，難以成功。

下面是一個故事：

有一個拳擊手，他在一次落敗後，拱手讓出拳王的寶座。於是，他下定決心，要在下一次的比賽中拿回屬於自己的寶座。

只是他年齡大了，如果再一味地強勢，只會使事情更糟糕。

這位拳擊手不知道該怎麼辦，但仍然每天苦練。

冬天的時候，拳擊手不小心感冒了，他不停的咳嗽，看來病不會好了。眼看比賽的日子就要到了，拳擊手很擔心。

在比賽的當天，他的感冒果然還沒好，他不得不身著厚重的大衣，帶著口罩去比賽。而那位曾經戰勝他的拳擊手看到了他的樣子，對他的防備就鬆懈了。

最終，這位「生病」的拳擊手拿回了冠軍的寶座。

可見，示弱會讓人不再為了戰勝你而費盡全力，如此一來，就有可能達到你想要的結果。

試想想，如果你表現強勢，對方又不肯讓步的話，會是什麼結果呢？無非是兩虎相鬥，必有一傷。

既然這樣，就有必要適時示弱了，示弱可以鬆懈對方的防備，可以讓對方輕敵。無論任何場合，都有必要示弱，找到對方的突破口，讓自己勝利。

喝酒後的各種醉態

酒是一種讓人捉摸不透的東西，它有時讓人清醒，有時讓人糊塗。有的人，在喝酒前，表現得一本正經，一旦喝了酒，就有了不同的動作和神態，這樣的人是什麼樣的人呢？

下面就「喝酒後的醉態」作進一步的解釋：

❖ 喝醉後變得沉默寡言

這類人性格外向，平時很活潑，備受大家喜愛，他們喝醉後會變得沉默寡言，是因為在他們內心深處正在思考著某一問題，正在讓心中的不安或迷茫借酒發洩出來。

❖ 喝了酒就開始哭

這一類人平時總是笑臉盈盈，一旦喝了酒，就是一副苦瓜臉，嚎啕大哭起來。可以看得出來，這一類人平時並不幸福，他們之所以喝醉後有異常的舉動，是因為他們平時被壓抑得太厲害了。喝酒能讓他們不顧一切地發洩心中的情感。

換句話說，這一類人並非希望別人同情他，而是表現出「好強」的姿態，讓別人不誤解他。

他們性格往往偏內向，往往是個浪漫主義者，具有很強的自我控制力，平時強烈的壓抑會使他們在喝醉後毫無顧忌地放聲痛哭。

❖ 喝醉後喋喋不休、開始傻笑

這一類人性格內向，平時很有禮貌，一旦喝了酒，就會控制不住自己的情緒，長篇大論地說著。

他們往往辦事一絲不苟，對長輩也很有禮貌，只是喝酒讓他們覺得精神上的壓力少了很多，透過喋喋不休可以讓自己得到放鬆。

他們往往說著自己的不如意，然後是如何克服這些困難的。他們並不希望得到別人的幫助，他們是意志堅定的人。能在醉酒後清醒，再次地投入到工作和生活當中。這一類人到最後往往會做出一番大事，贏得別人的尊重與愛戴。

❖喝醉後歡喜大笑

這一類人平時情緒緊繃，無法開懷大笑，因為他們在生活上或工作上有很多的為難，而且無處釋放。透過喝酒，可以讓他們少掉了拘謹，所以在喝醉後才會有忽然放聲大笑的情形。

❖喝醉後開始撒嬌

這一類人平時很謹慎，給人一種強者的感覺，一旦喝了酒就會開始撒嬌。他們外表看起來堅強，內心其實是脆弱的，需要別人諒解與支持。

❖喝醉後有大動作

這一類人有很強的反抗力，也有很強的自卑感。他們不喜歡別人左右或配合他們的行動，一旦有別人加以干涉，他們往往會有挫折感，而他們也會借酒來發洩此種挫折感，例如摔盤子、大聲嚷嚷等。他們會做出讓周圍人吃驚的事。

❖ 喝醉後愛唱歌

這一類人很有活力、富有冒險精神，在工作和生活上一絲不苟，對人、對事有條不紊，他們能把對與錯分開，喜歡交朋友又喜歡照顧人。他們往往會有良好的發展前途，不怕失敗，最終取得事業、人緣上的成功。

❖ 喝醉後呼呼大睡

這一類人性格內向，意志較薄弱，很少有創作熱情。他們把精力花費在了其他的事情上，所以在喝醉後就會覺得困，倦意湧來便呼呼大睡。

❖ 喝醉後開始吵架

這一類人性格剛烈、嫉惡如仇，看到不滿的事會直接說出來，因此在喝酒時難免和別人會有所衝突。但他們看似強勢，其實內心是溫暖的，他們喜歡結交朋友、幫助弱者，會仗義執言，打抱不平。

❖ 喝醉後勸別人喝酒

這一類人性格外向，虛榮心強，希望對方和自己是相等的。藉勸酒達到讓別人醉酒的目的。這一類人具有很強的支配欲。

❖ 喝醉後若無其事

這一類人性格內向，不善交際，在平時總是一副老好人的形象。他們做事小心翼翼，不想干涉別人，也不想讓別人干涉自己。

❖ 喝醉後不斷喊「乾杯」

這一類人看似熱情，其實頗有心計，他們十分注重自己的儀表，看起來很懂事，其實很固執。與這一類人交往，要坦蕩無私，不然有可能得罪對方。

❖ 喝酒後半醉不醉

這一類人喝到可能醉時就不喝了，他們待人處事很有分寸，很會處理各種錯綜複雜的關係。

他們喝酒時不是大杯大杯下肚，而是一口一口品嚐。這一類人富有協調心，在團隊中能贏得別人的協助。

拿酒杯的姿勢洩露祕密

在社交場合中，拿酒杯的姿勢隨處可見，可這些背後卻都隱藏著祕密。我們一起來看看：

❖兩手握住杯子

這一類人的性格多是孤僻型的，希望與人交流，但難以融入別人的內心世界，他們容易感到孤獨和被別人冷落。

❖緊握住杯口

有這一姿勢的人想要掩飾自己的內心，他們不喜歡在別人面前暴露自己，也不喜歡引起別人的注意，他們無意間的舉動說明了他們想掩蓋真實的想法，不想讓他看到自己不願暴露的一面。

緊抓杯子，拇指按在杯口——有這一姿勢的人是來者不拒型，他們會將杯子拿得很穩，在喝酒的時候喜歡暢飲，喜歡一飲而盡。針對對方的要求，他們往往不會拒絕，有可能會一醉方休，但在酒後誤事。

❖手放在杯子上方

這類型人的性格是開朗型的，通常性情豪邁、舉止大方、不拘泥於小節。喜歡一邊喝酒一邊聊天，聊天的內容多是幸福的家庭和一帆風順的事業。

❖手放在杯子的中央

這一類人是典型的好好先生，待人親切又大方，因此擁有不錯的人際關係，但這一類人並不善於拒絕別人，難免會有吃虧的情況發生在身上。

握住高酒杯的腳，食指前伸——這一類人的內心想要靠近有錢有勢的人，他們顯得貪婪，透過握住酒杯的這一姿勢故作高雅，來展示自己的與眾不同之處。

❖手放在杯子下面

這一類人內向、神經質，會在意情緒上的小波動，這一類人活在別人的眼中。由於情緒上的多變，會難以和他人接觸，因此無法受到他人的歡迎。

捂住嘴巴表示很歡喜

先看幾種女孩做出的微動作所代表的含義：

❖ 不停更換腳的姿勢

當你與她談話時，她不停更換腳的姿勢，表示她此時正心浮氣躁，心中有情緒需要宣洩。

❖ 用手撥頭髮

當你與她談話時，她用手撥頭髮有兩種情況：一是輕輕撫摸頭髮，表示內心渴望你用溫柔的言語安撫她；二是用力撥弄頭髮，表示內心感到壓抑，或者對某事感到後悔。

❖ 時不時拉扯裙子

當你與她談話時，她時不時拉扯自己的裙子，很在意裙子的長短和覆蓋面。這是她防衛心理的象徵，她能想像自己衣冠不整的樣子，所以嚴陣以待。

❖ 用手撫摸自己的臉頰

當你與她談話時，她總是用手撫摸自己的臉頰。這是她想掩飾自己的感情或者不願洩露自己真實本意而在無意中表現出來的動作。

❖ 托腮聽你說話

當你與她談話時，她總是托著腮聽你講話，這是一種渴望被認同、被了解的流露。她並不是在認真聽你說話，而是對你的遲鈍與不解風情做出無言的抗議。

❖ 用一隻手捂住嘴巴，靜靜地聽你暢談

當你與她談話時，她用一隻手捂住嘴巴，靜靜地聽你暢談，這說明她正在控制自己按捺不住的喜悅之情。她太喜歡你了，正在努力掩飾內心的激動。

子豪是一個帥氣的男孩，談吐文雅，頗得女孩子喜愛。有一次，子豪見了一位女客戶。這位女客戶穿著幹練、簡約大方，長得清秀可人，是子豪的理想型。剛見面，他們給彼此留下了非常好的印象。洽談結束後，子豪主動邀請女客戶吃飯。在飯桌上，他們聊得十分投機。能看出來，他們彼此都頗有好感。然而，就在子豪高談闊論時，女客戶突然伸出一隻手捂著嘴巴，靜靜地聽子豪暢談。子

豪注意到她這一舉止，最初以為她身體有什麼不舒服，但見她又沒別的症狀，於是就沒怎麼在意。

過了好一會兒，這位女客戶依然時不時地用一隻手捂著嘴巴，靜靜地聽子豪說話。也不知道為什麼，子豪總覺得這個動作不雅觀，兩人談話時，感覺很彆扭。

又過了好一會兒，這位女客戶依然如此。終於，子豪忍無可忍，便匆匆結束談話，結帳後就把女客戶送回去了。

離別時，女客戶很深情地站在原地望著子豪離去的背影。從那以後，子豪除了工作上的往來外，再也沒有主動聯繫過這位女客戶。

半年很快就過去了。有一天，子豪無意中跟一位朋友談起了人的心理密碼，不由自主地想起了那個女客戶的小動作。他感到不解，便問朋友這是什麼意思。朋友嘆了一口氣說：

「你不知道這什麼意思啊？那個舉止表示她非常喜歡你！」

子豪一聽，用力的拍打著腦袋，非常後悔。

可見，不理解這些心理密碼，可能會錯過一段美好的姻緣哦！

一般來說，一個女孩在心儀對象面前，總喜歡顯示自己矜持的一面。在笑時，她們喜歡捂著嘴巴，靜靜地聽對方暢談。這並不是什麼不雅觀的動作，而是她正在控制自己按捺不住的喜悅之情。她實在太喜歡對方了，正在努力掩飾自己內心的激動。

不明白這些，就會造成遺憾，到後來只能後悔了。

不停抓耳背表示內心焦慮

很多人都有抓耳朵的習慣，但是抓不同的位置卻代表著不同的含義。

現在，我們一起來看看：

❖ 摩擦耳廓背後：非禮勿聽

當你與一個人說話時，對方下意識地用手指摩擦了一下耳廓背後，這表示出聽話人「非禮勿聽」的心理。他是想透過摩擦耳朵來阻止這些話完全進入自己的耳中。如果你發現了對方做出了這個舉動，最好中止談話。

❖ 不停抓耳垂、耳背表示內心焦慮

一般來說，人們在心中焦慮不安時，總會有不停抓撓、不停在座位上亂動等動作，這持續的小動作正反映出焦躁不安的內心。如果此時你能看出其中的端倪，主動詢問對方，也許主動幫助對方，使對方順利度過焦慮困境，那麼你和對方的距離將會大大拉近。

❖ 把整個耳廓折向前蓋住耳洞表示很不耐煩

用耳廓蓋住耳洞，是直接阻止不願意聽的話進入耳朵的表現，是所有抓耳朵部位中最直接傳達不耐煩資訊的動作。如果在你與別人交談時，對方把整個耳廓折向前蓋住耳洞，那麼你就應該立刻中止目前的談話，因為對方的這一動作正在告訴你：「我不想再聽你說了，我已經聽得夠多了。」

❖ 用指尖掏耳朵表示不屑

假如你正熱情高漲地說一件事，而對方卻把指尖伸進耳道裡掏耳朵。這個動作表示對方對你不敬，或者對話題不屑一顧。在這種情況下，你可以很禮貌地提醒對方，微笑著詢問對方：「您在聽嗎？您有什麼看法？」如果是上級或者長輩，你就應該考慮轉換話題或者給對方發言的機會。因為這樣說對方的心思不在你的話題上，而在他自己身上。所以，交流不會取得任何效果。

有一個故事印證了「撓耳垂、耳背表示內心焦慮」：

展郁是一個非常細心的人，不僅對待工作細心，而且對他人也非常細心。在辦公室裡，他總能隨時觀察到周圍人的動作變化並解讀出其中的意思，進而主動幫助他人，贏得了同事們的一致認可。

一天，展郁在工作之餘，不經意地抬頭看了一眼周圍。很快，他發現新來的同事志任背著他，正盯著電腦，一隻手不停地抓耳背。

志任不停地抓耳背這一動作引起了展郁的注意，根據他的經驗判斷，志任此刻正為什麼事感到焦慮不已。於是，他悄悄地來到志任面前問：「請問你現在需要幫助嗎？」

志任一聽，很驚訝地說：「嗯，我不太熟悉電腦，不知道為什麼，word無法打開。我從上班弄到現在也沒有弄好。」

展郁一看是很常見的問題，什麼話也沒說就幫志任把這個問題解決了。志任連忙說謝謝。展郁笑著說：「不用謝。」志任還想說什麼，展郁卻已轉身離去。下班後，志任找到展郁，問出自己心中的疑惑：「你怎麼知道我當時需要幫助啊？」

展郁大笑說：「你不停抓耳背這個動作透露出了你內心的焦慮啊！」

可見，有必要讀懂「抓耳垂、耳背」這一心理密碼。

想想，在我們小時候，父母責備我們時，我們會不自覺地用兩隻手堵住自己的耳朵。因為我們不想聽父母責備的聲音。長大後，我們不想聽別人說話，也會用手堵住耳朵，並且還會抓耳朵。

明白了這些，就能看出別人的端倪，猜出他人的心思，進而確定是否要幫助他，贏得良好的人際關係。

擁抱中的真情與假意

現代社會標準的擁抱是這樣了的：兩個人相對站著，把左肩向上偏，把右肩向下偏，左手要環於對方的右後肩，右手要環於對方的左後肩，兩個人都把胸部傾向左，然後緊緊抱緊，同時頭部要相貼，再然後把胸傾向右側再相抱，緊接著再來一次左傾的擁抱。

這些擁抱的見面形式流行於歐美國家，表示出雙方的熱情。現在其他很多國家的社交場合也會有這種擁抱的禮儀，這顯示對方關係的親密。但擁抱有真誠與假意，只有當事人清楚。

真誠的擁抱與假意的擁抱往往難以區分，似乎只有了解他們之間的關係才知道擁抱是真誠還是假意。其實，即便不了解雙方的關係，從他們擁抱的小動作也能得知他們之間的真誠與假意。

俗話說：「知己知彼，百戰不殆。」我們越了解對方，就能越容易區分擁抱的真誠與假意。

❖ 真誠的擁抱在親友、情侶之間

在親人之間，真誠的擁抱這樣展現：兩個人相對站著，身體之間有些距離，然後用手臂摟住對方的身體向自己用點力，同時會出現輕拍等小動作。這種擁抱是表達親情交流的一種方式，有助於家庭的和諧與幸福。

在情侶之間，真誠的擁抱是這樣展現：兩個人將身體的正面貼在一起，距離會很近，手上同時也會出現動作。在擁抱女性時，男性會用一隻手攬住女性的腰，另一隻手的指尖在女性的背部慢慢地游動，讓對方感到更親切。

❖ 肩部和頭部的距離相同是真誠的擁抱

但若腹部用力，雙方處於腹部未接觸狀態，這顯示出了兩個人內心還存在著距離，這是一種假意的擁抱。

尤其是在綜藝節目上，我們會看到這樣的一種情形：某些明星會笑容滿面地走近彼此，張開雙臂擁抱對方，如果仔細留意，他們的頭部和肩部雖然接觸，但是他們的腹部卻處於分離的狀態。這是一種社交式的擁抱方式，雖然是違心的擁抱，但不帶有任何感情色彩。

還有在同學的聚會、同事的婚禮、朋友的生日等，我們也會出現這種假意的擁抱，但這種擁抱勝過生硬的握手。

❖雙臂拉近對方的力度輕微，雙手也只點到為止是假意的擁抱

雙臂將對方拉近的力度輕微，雙手也只是點到為止，其間伴隨著明顯的抑制痕跡，這也是一種假意的擁抱。這種假意的擁抱通常出現在領導者之間，領導者為表示對彼此的熱情，會做出這種禮儀的擁抱。他們之間沒有真摯的感情，只是代表著雙方的友好，才做出這樣的一種擁抱。

我們來看一則「真誠擁抱」的故事：

禎亞的丈夫因車禍離世了，禎亞整日以淚洗面。禎亞的母親看到禎亞這樣很心疼，便悄悄地走到禎亞的身邊，什麼話也沒有說，只是用手輕輕地拍打著禎亞的肩部，這讓禎亞倍感溫暖，張開雙臂擁抱著母親。禎亞的情緒也漸漸平穩下來，從母親那裡得到了撫慰。

一個真誠的擁抱，會讓他人受傷的心靈得到癒合，哪怕之間擁抱的時間很短，也會讓對方快樂在其中、幸福在其中。而假意的擁抱有時僅僅是出於社交和禮儀，並不表示對方的陰險和狡詐，只是一種相互認識的過程。

我們有必要看穿對方的真誠與假意，這樣才能確保和對方之間是什麼關係，下一步如何進行。

擁抱中的真情與假意

心理戰術，職場中的對決

職場如戰場，一個不經意間的疏忽就有可能讓你潰不成軍。
為了成為職場上的勝利者，你有必要成為讀心的高手，才能不被淘汰或算計。

聽懂老闆的真實心思

我們在工作中都想獲得晉升和發展，這除了自己要加倍努力之外，聽懂老闆的真實心思也十分重要。

在古代，當上級對官員破口大罵時，官員會感到開心，因為這樣能夠讓官員及時發現自己的錯誤並改正。如果上級對官員很客氣的話，官員就要小心了。在這種情況下，一則表示上級不想和官員交流，另一則表示官員做了讓上級感到不愉快的事情，官員需要好好檢討，去揣摩上級的心思。

在職場上，如果做了什麼事情影響到了老闆，即使老闆的嘴上說沒有關係，也要小心地去應對，要知道老闆的沒關係大多是有關系，如果沒有及時處理，有可能會影響到你的前程。

來看一則故事：

依婷在一家公司做設計，她喜歡網購一些生活用品，時間長了便認識了不少賣家，於是她決定也開一家網路商店。

依婷所在的公司女同事很多，這些女同事有很多都喜歡在網路上購物，所以沒有過多長時間，很多人都知道依婷在網路上開店的事情。於是有一些同事就去依婷的店裡買一些東西，這本來是很正常的事，依婷也沒有影響到工作。

可是，有一天老闆把依婷叫到了辦公室。老闆說：「依婷，最近聽說妳開了家網路商店啊？」依婷說：「是啊！就是賣一些東西，但我是在下班後經營的，並沒有影響到工作。」

老闆說：「沒有什麼事了，你回去吧，好好工作！」

依婷並沒有把這件事放在心上，還很感激老闆的心胸豁達，可是，不久後，老闆常常表示對她的設計不滿，導致依婷總是要加班。

又過了一段時間，人事部的主管找到依婷，說：「依婷，你這段時間對工作很不負責任，總是會出現錯誤，經過討論決定，只能請妳另謀高就了。」依婷一聽，頓時愣在了那裡，她不知道自己到底錯在哪裡。

依婷只好不明就裡的離職了，就在依婷離職的當天，公司裡公布一條規定：不准從事副業，否則一律開除。

依婷的失誤就在於她沒能聽懂老闆的心思，雖然老闆嘴上說沒關係，但有可能只是老闆的敷衍之詞，老闆可能已經相當不滿了。如果聽不懂老闆的弦外之音，便會丟掉飯碗。

我們要看懂老闆的「沒關係」，千萬不要對這一句話掉以輕心，要明白老闆背後的真實意思。很多人有不滿不會直接說出口，有些老闆就是如此，不想和你交流或是不想直接告訴你，只會間接傳達自己的心思。

在老闆說「沒關係」的時候，要看看老闆的臉色，如果老闆的眼神飄忽不定，那麼就要提高警惕了，當老闆笑得僵硬卻對我們十分熱情時，也要明白其中一定有所隱瞞，當老闆毫無原因的誇獎我們時，要想一想近期做過了什麼事情。任何事都有可能影響老闆的心思，要時時在意，仔細揣摩。

透過筆跡和電話看性格

在現代商務往來中，人們大多是透過傳真、電話、電子郵件等方式洽談，合作雙方不一定會見面，所以我們要想捕捉到一些對方傳來的資訊，可以從這些方面入手。

例如我們常說筆跡就是一面鏡子，默默地反映著書寫者的心理特徵。筆跡書寫的過程是大腦意識和心理特徵輸出的過程，而分析筆跡的過程，正是這樣一種資訊還原過程。在做決定之前一定要判斷對方是什麼性格的人。

❖透過筆跡了解對方性格

具有社交與急躁質傾向的人，寫字時呈現極大幅度的曲線。

具有理性與冷漠的分裂質傾向的人，寫出銳角而不整齊的字。

性情謹慎、缺乏幽默感的人，並具有癲癇質傾向的人，寫出直線而又規則性的字。

為人很小氣，對於別人的批評始終耿耿於懷，且有神經質性格的人，愛寫角形的小字。

虛榮心很強，且有歇斯底里性格的人，寫字的大小、形狀和角度都很不整齊。

❖透過打電話看性格

歇斯底里類型的人，大多表現為不考慮對方的立場，會貿然打長途電話給你。

急躁類型的人表現為雖然沒有什麼大事，但卻常常喜歡打電話給你。

分裂類型的人總是你主動聯絡對方，但他卻討厭講電話。

❖透過簽名看性格

簽名雖然簡單卻包含著很多心理上的含義。對於普通人來說，名字寫的好壞往往代表著一個人的自我形象。不同的人在書寫自己姓名的時候都有各自的心理特點，而這些名字的形式恰恰是書寫者心理特點的一種顯示。要想分析書寫者的性格特徵，一份有簽名的筆跡會非常有幫助。

樸實、正直、表裡如一的書寫者，簽名與正文字體大小相仿，風格一致。

不善社交、謹慎、認真、謙虛的書寫者，簽名比正文文字小。

比較自信，且對自己期望很高的書寫者，簽名比正文文字大。

想像力豐富的書寫者在簽名中有很多修飾，有自我欣賞意識。

狂妄並具有兩面性的書寫者的簽名與正文字體相差太大或過於修飾、誇張。

具有思考、謹慎、自信、負責、不信任的含義的簽名方法為其人在簽名以後，習慣在名字的右下方加一個頓點。

驕傲同時具有自我防禦和自我保護意識的人，他們的簽名方法為在簽名下畫重線。

積極進取並有遠大抱負的書寫者，簽名的行向向右上傾斜。

灰心喪氣、悲觀失望，對目前的狀況持否定和放棄態度的書寫者，簽名的行向向右下傾斜。

謹小慎微、遲疑不決的書寫者，簽名的字體向左傾斜。

為人正直、意志堅定，但不善於與他人溝通與合作等的書寫者，簽名垂直。

承受巨大壓力下的屏住呼吸

呼吸是生物機體與外界環境之間進行氣體交換的一個過程，在正常情況之下，人的呼吸是有節奏的進行著，但在突發情況時，呼吸會改變，並呈現出多種呼吸的形式。

我們一起來看看：

❖ 倒吸一口氣是減少呼吸的頻率，保持能量不損失

在吃驚的時候，人會倒吸一口氣，留著備用。在遇到意想不到的事情的時候，人們會透過倒吸一口氣，減少呼吸的頻率，保持能量上的不損失。想想，當聽到一個不快的事情時，我們會不由自主地倒吸一口氣，這種動作是人類在進化過程中保有的一種動物性行為。

❖ 減弱呼吸是回顧自己的猜想，理清自己的思路

當對某一件事情有預感而不確定之時，如果經過對方確定之後，會本能地減弱呼吸，這是在回顧自己的猜想，理清自己的思路。

人會在回憶之時情不自禁地減弱呼吸，這樣不會打斷自己的回憶。

❖ 承受巨大壓力下的屏住呼吸

我們屏住呼吸可能是遇到了一個讓自己意想不到的事，努力地傾聽、想弄個明白。當我們受到負面的刺激時，會不由自主地屏住呼吸，這時是在承受著巨大的心理壓力，但又因為客觀原因不能逃脫、反抗，所以只能靜候著結果的到來。來看一則故事：

柏成是一家公司的系統工程師，負責著公司產品的售後服務工作。有一次，公司推出了一種新型的產品，為了儘快地搶占市場，公司在沒有做好充分的售前預測之時就將產品投放到市場上。結果客戶的針對意見多如牛毛，這讓負責售後工作的柏成忙得焦頭爛額。不光要面對著客戶的意見，柏成還被老闆叫到了辦公室。老闆說：「你是怎麼搞的？不想做事就走人！」接著，又臭罵了柏成一頓。在整個過程中，柏成屏住呼吸。柏成是承受了多麼大的心理壓力，不光要處理客戶的抱怨，還要面對老闆的責難。所以在老闆面前，柏成只有屏住呼吸讓心裡的鬱悶無處發洩。

當承受巨大的壓力之時，人會本能地屏住呼吸，以減少刺激源對自己的關注。在職場中，如果發現一個人有這一動作，便說明他感到恐懼了。這些呼吸是一剎那做出的本能反應，不受思維、意念的控制，所以它反映出來的心理非常可靠。

從側面拍肩膀表示鼓勵與肯定

表示鼓勵、肯定的肢體語言遠不止從側面輕拍肩膀這一種，下面簡單作一個總結，以供參考：

❖ 從側面輕拍肩膀

肩膀的一項內在含義就是承擔重量，因此，拍肩膀不僅能傳達自己親近、友好的善意，還能傳遞一種「我相信你」的精神力量。

❖ 從側面輕拍後背

在日常生活中，很多男性朋友在見面時，一個人總忍不住用手掌去拍對方後背。這是一種友好、欣喜與祝賀的表現。注意異性之間輕拍後背，可能引起不必要的誤會。

❖ 豎起大拇指

在日常生活中，豎起大拇指是表示「做得好」、「好」的意思，鼓勵對方繼續努力！

❖ 鼓掌

鼓掌表示贊成或歡迎的意思，多為稱讚某人。當我們歡迎某人的到來，都會不由自主地鼓掌。

下面就從「側面輕拍肩膀表示鼓勵、肯定」舉一個職場上的故事：

一天，志賢興高采烈地來到老闆辦公室，向老闆匯報上一季度的工作業績。由於他們去年取得的工作成績並不好，老闆對他們這組成員並沒有抱太大的希望。因此，老闆抽著菸，吐著菸圈，招呼志賢坐下。

「上個季度的銷售業績怎麼樣？」老闆很嚴肅地問。

「上個季度的銷售業績很不錯，不僅留住了老客戶，還增加了三十多個新客戶。目前，已簽了十五個單子，利潤較去年增加了百分之二十。」志賢一字一句地說。

「上個季度支出了多少？」老闆並沒有露出驚喜的神情，而是平靜地詢問上個月的支出狀況。

「上個季度，我們小組共支出了四萬一千元，比去年少花了三千元，比預算的還少花費一萬元。」志賢無比自豪的說，但一碰到老闆嚴肅的眼神，又及時地打住了。

老闆什麼也沒說，站起身，繞過辦公桌，來到志賢側面，輕輕地拍了拍他的肩膀，說：「好了，我知道了，你去忙吧！」

走出老闆辦公室，志賢感到十分不解，他原本以為老闆會好好嘉賞他，會好好地表揚他們這一組成員。沒想到，老闆什麼也沒說。

在接下來的一段時間裡，志賢一直憤憤不平，工作受到很大的影響。很快，一個季度又過去了，當老闆見到他時卻長長地嘆了口氣說：「我以為你這季度會做得更好，我還打算升你當部門經理呢！」

志賢瞪大了眼睛，什麼也說不出來。

可見，志賢並沒有明白老闆當初拍他肩膀的意思。從側面拍他肩膀是表示鼓勵與支持，不明白這一心理密碼，往往會產生失望的心理，認為自己「不行」、「不能」！

結果就會故步自封，讓自己不快樂了。

手插口袋是不自在的約束行為

在職場中，我們可以透過觀察對方的手來探知他的心理。他的手部的動作會反映出他此時的內心狀態，我們一起來看看：

❖ 對眼前的人、事不熟悉時，會出現雙手拉在身前、身後的動作

在職場當中，當人們對眼前的人或者事情不熟悉時，會出現雙手拉在身前、身後的動作。如果是女性的同事，則表示她們對目前情況的不確定性，同時又顯示了她們的羞澀；如果是男性的同事，男性喜歡將雙手拉在背後，這顯示了他們的成熟且有秩序感。

❖ 被人點中心事時手部會有凍結反應

當被他人點中心事時，人們會出現瞬間的手部凍結反應。這種現象常見在警官審問犯人時，如果警官點中了犯人的犯罪動機，會看到犯人的手部有幾秒鐘的凍結反應。還有在一些不願意承認的事實面前，人們也會由不安的心延伸到手部的凍結反應。

❖ 手縮進袖筒被當作沒有涵養

在冬天的時候，人們會由於寒冷將手縮進袖筒，這是一種很自然的現象，而在人緊張不安時也會出現這種動作，雖然顯得不夠文雅，但還是緩解了不安的內心。有這一動作的人，往往被看作沒有涵養之人。特別是在夏天沒有袖筒可縮的時候，人們會透過兩手互抓小臂來拘束雙手的動作，這更顯示出了這個人的緊張心理在加強。

❖ 手插褲子口袋是一種不自在的約束行為

當一些年輕人遇到大人物或大場面時會感到不自在，會擔心受到他人的否定，所以會手插褲子口袋，要是一手拿著東西，還會出現單手插褲子口袋的現象，這在新上任的主持人身上表現得較為明顯，新上任的主持人由於擔心自己的風格不被接受，在一手拿著麥克風的同時，另一隻手會情不自禁地出現手插褲子口袋的現象來約束自己的行為。

我們來看一則故事：

政勳在剛工作時，雖然是大學畢業，卻要和一些沒素養、沒文化的人打交道，迫於生計，政勳不得不忍耐著。

後來，工作了幾年後，政勳找到了一份不錯的工作，但在高興之餘，心中難免有些忐忑不安，他擔心自己以前被工人同化的行為被現在的新同事嘲笑。

有一天，政勳與總經理到外縣市洽談，這是政勳第一次住五星級的飯店，讓他感到好奇和不安。在走進飯店的時候，政勳雙手插著褲子口袋，並小心翼翼地從前檯走過。當他走進了自己的房間，仍是侷促不安，生怕弄壞了房間裡昂貴的東西。

在那次洽談之中，雖然政勳顯得緊張，但他的基本功還在，還是得到了總經理的誇獎。

在回去之後，總經理說要在尾牙時好好表揚政勳。政勳更緊張了，因為此次尾牙他要上臺發言。

當主持人報完幕之後，政勳開始發言了。面對一千多雙眼睛，政勳更緊張、不自在，他一擔心著自己的發言是否會被同事、上級認可，就不自覺的出現了一手拿著話筒，一手插進褲子口袋的動作。

出現了這個動作的人表示他此時的不自在，想透過這個動作來約束自己的緊張和不安。

我們要注意手部的動作，手部的動作會反映出一個人心理上的波動。我們要透過這些手部動作看到對方下意識的行為，從而在職場上擁有一雙慧眼，探知對方將要做出的舉動和內在的心理。

透過打電話猜測對方心思

過去，只要一提到愛打電話的人，就會令人聯想到女性或銷售員。女性天生就喜歡聊天這是毋庸置疑的，但是男性拿起電話就聊個不停的情形也越來越常見。

一般來說，男性聊天的話題大多以工作、活動、新聞時政為主。從男性的觀點來看女性聊天的內容（例如：誰家少了東西、誰和誰之間有曖昧關係等）無非是芝麻粒的小事，女性卻不以為然，並不認為她們聊天的話題是無聊事，而女性眼中的男性話題，也被認為是可有可無、無聊透頂的。

就這樣，女性和男性聊天的話題有了分歧，他們就會透過打電話來說自己愛說的事。

女性往往會在電話裡說「今天去哪裡購物呢？」、「聽說有間咖啡廳很不錯，我們去看看吧！」、「你中午是回來做飯呢，還是？」、「今天要接孩子嗎？你丈夫嘮叨嗎？會做飯嗎？」

男性在電話裡卻不會像女性那樣，男性往往會說「今天有什麼會議？」、「工作還沒有做完，我不能陪你出去。」、「傍晚去吃飯吧？」、「一起去看個電影如何？」

而接到電話的一方，在面對打電話的人是同性或異性時會有不同的心思。如果是同性，他們會認為理所當然；如果是異性，他們心裡就會在想「是不是對我有意思？」、「是不是在巴結我，想靠近我呢？」

無論如何，這些「電話魔」們都會讓對方去猜測他們的心思。無論是有意的還是無意的，往往都會讓對方很在意。

有這一類人，他們很普遍，具有自我、任性、支配欲。在他們打電話的時候，往往希望對方在自己掌控的範圍內。一旦對方不在自己的視線，便會打電話去確認，從而掌握對方的一切事情。

不過，這一類人看似對對方無微不至，其實有很強的獨占欲。他們往往不會顧及到對方的立場，只是想擁有對方的時間和空間，不讓對方「背叛」或疏遠自己。

這一類人逐漸成為了打電話中的潮流，但奇怪的是，在他們和對方在一起時，他們不是問東問西，而是心不在焉，不是看看電視，就是玩玩手機，這是為什麼呢？因為對方在自己的監控之下，就沒有必要那麼擔心了。

另外，喜歡占有別人私有空間的「電話魔」們，不善於處理自己的感情，他們深受嫉妒、猜疑、後悔、絕望等困擾。

一個正常的成年人往往就會遇到這些難題，在電話中喪失了自己。是否沒有排解的辦法呢？其實不然！如果打電話不能猜測對方的心思，可以和對方當面解決問題，要知道，一味猜測只會讓自己把不快憋在心裡更難受。想找到一個能彼此傾訴的知己，而且毫無戒備的話，往往是很難得了。

頻繁點頭表示不耐煩

值得注意的是，在不同的場景中，點頭的次數表達了不同的含義。我們一起來看看：

❖ 點一下頭表示肯定

曾經，有個人針對先天盲、聾、啞人進行研究，發現他們也用點頭表示肯定。因此，得出一個「點頭天生論」。這個觀點在世界各地都適用，點頭都表示「是」，即肯定的態度。當然，也有些人例外。比如，有些人在被強迫答應的情況下，不得不點頭，這裡的點頭就不是代表同意的意思了。

❖ 頻繁點頭表示不耐煩

如果在兩個人的談話中，如果一個人點頭過於頻繁，比如對於對方說的一句話、闡述的一個觀點都頻繁點頭，超過三次以上，那麼很可能就不再意味著他同意或贊成這個人的觀點。

❖點頭的動作與談話的情節不符說明對方沒在認真聽你說話

比如，一位下屬在向上司匯報工作時，上司眼睛看著電腦。等下屬匯報完畢後，上司沒有給予任何回覆。過了好一會兒，他才慌張地點了點頭，並說「好」。像這樣情況，上司根本沒有認真、專心地聽下屬說話。

下面就「點頭頻繁表示不耐煩」舉一個故事：

一天，人事部楊先生拿著一大疊報表走進了老闆的辦公室。他一邊走，一邊翻閱著資料，絲毫沒有注意到老闆正在收拾抽屜，打算離開。

「老闆，請問您現在有時間嗎?我剛整理完報表，現在想向您匯報一下這個月公司的基本狀況。」楊先生走進辦公室便說。

老闆坐直了身體，點了點頭說：「嗯，好的，你說吧!」

「這月公司的情況很不好。行政人員小芬辭職了，人手不夠，有一部分報表還沒整理好。我認為我們應該儘快再招人來接替小芬的工作。」

老闆低頭想了一下，伸手接過楊先生遞過來的報表，認真看了起來。在老闆埋頭看報表時，楊先生仍然喋喋不休地說：「公司的打卡機不太好用，我想換一個指紋識別的。」老闆眼睛一直看著報表，頭卻頻繁地點了好幾下。楊先生看到老闆頻繁點頭正暗自慶幸時，老闆卻將報表遞給了他，略帶憤怒的語氣說：「報表完全整理好後再給我看。其他的事等下個月再說吧！」說完，就走出了辦公室。楊先生愣在辦公室，有些摸不著頭緒。很快，一個月的時間過去了，公司招聘新人與買指紋打卡機的事，老闆都沒再提起過，卻時不時地指責他的工作完成得不夠好。這讓人事部楊先生鬱悶不已。

可見，頻繁點頭有可能是在表示著不耐煩，我們有必要了解這一點，以免認為別人出爾反爾誤解了別人。

點頭大部分表示肯定，卻會以不同情境、場合或者不同次數表示不同的意思。

明辨愛情，對方背後的真實情感

愛情就像玫瑰，固然美好但難免會有傷痕。而愛情之間的緣分也很奇妙，誰將是你最終牽手的人呢？

茫茫人海，終會有某個人掩藏不住他的痴心，那個人就可能和你是有情人。

眼神流露出失望是渴望再被關愛

有某個人為你露出失望的眼神，不代表他對你徹底灰心了，如果你能及時關愛他，他或許會走出痛苦的深淵。關鍵是你要明白他失望的眼神所表達的含義，如果不想和他繼續這一段感情，就任由他離去，如果不捨得放棄，便去關愛他吧！多一點關愛，你們之間就會多一點希望。那麼，如何透過一個人的眼神判斷他是否在乎你呢？

這裡有幾種方法可供判斷：

❖ 對你絕望的人不會在你面前有所流露

對你絕望的人會想徹底放棄你，當然，他不會讓你看到他的心境——「眼不見心不煩」。而在面對你時，他仍表現出一副若無其事的態度，其實，他們的內心是痛苦的，只是他們看開了，明白只有放下和你之間的關係，他才會有新生。

❖ 流露出失望眼神的人渴望你再次給他溫暖

在你面前流露出失望的眼神，說明他還很在乎你，如果你能給他溫暖，他會深受感動，與你之間的情意長久。如果這時候你還是那麼無情，他可能就會離開，而且永遠不會再見你。這種人要好好把握，因為，他是很在乎你的，也是很想和你在一起的。

❖ 眼神不屑的人對你無所謂

如果一個人的眼神對你不屑了，他可能早就不在乎你了，無論你如何選擇他都不會放在心上。你選擇和他在一起他會認為是理所當然，你選擇和別人在一起，他也不會去追究。他已慢慢淡忘了你，如果你選擇和他在一起，你們之間還可以平平淡淡的生活下去；如果你選擇了和別人在一起，他就會把你忘得一乾二淨，而且馬上結交新歡也不是不可能。面對這樣的人，我們有必要去琢磨其內心，他可能已經不在乎我們了，此時最好的辦法是隨緣。

❖ 眼神不看著你但流下淚的人還是很在乎你

如果某個人很傷心，你去關愛他，他不敢用正眼看你，卻止不住淚水直流，此時，這個人還是很在乎你的。起碼他還相信這一份感情，如果你去挽回還有餘地，如果你放棄的話，可能會徹底傷害對方的心，從此以後難再和對方有緣了。面對此類的人，他還是很在乎你的，你要懂得去關愛，只有去關愛，才能維護這一段好不容易到來的感情。

❖ 眼神淡定的人無所謂

在經過了一些糾結之後，如果某個人表現得非常淡定，此時你去關愛他或者不去關愛他，對他而言已經無關緊要了，反正他已經放下了。你要想清楚如何面對這一類人，究竟該繼續還是中斷。

下面，就「眼神流露出失望是渴望再被關愛」作進一步的剖析：

有一個人說：「有個男孩子在自己喜歡的人和別人結婚時，眼神流露出失望，然後，默默地一個人離開。如果他喜歡那個女孩子，怎麼不去和她結婚呢？為什麼要等到失望時才去後悔？這時候流下的眼淚還有用嗎？他怎麼會這麼脆弱呢？既然喜歡那個女孩子，何不與她結婚，為什麼非得要等到她成了別人的新娘時才流露出失望的眼神？」另一個人說：「這個男孩子流露出失望的眼神，是說明他還是喜歡那個女孩子。只是因為某方面的原因，他沒有和女孩子成為伴侶。然而，這個男孩子是十分愛這個女孩子的，他希望她能回到自己身邊。這時候，或許是女孩子的錯，愛她的人對她流露出了失望的眼神，她卻不聞不問，可見這個女孩子也並沒有多重視這份感情。如果女孩子回心轉意的話，那個男孩子會意識到自己很愛那個女孩。」

如果你不明白上面的這個對話，來看下面的故事：

有一個女孩一直喜歡著一個男孩，可是男孩並不喜歡女孩，為此，女孩很傷心。然而，女孩並沒有放棄對男孩的追求，她依舊為男孩付出著，無怨無悔地給男孩買他喜歡吃的東西、喜歡穿的衣服。女孩希望男孩有一天可以喜歡上她，尤其是女孩發現男孩一直是單身時，女孩覺得成功的機會很大，便一直相信總有一天會成為男孩的新娘。

然而，女孩無怨無悔的付出了，男孩卻始終沒被感動。女孩曾經試圖問男孩：「如果我的父母要我嫁給別人，你會怎麼樣呢？」男孩說：「我會祝福妳越來越好，祝福妳幸福。」女孩傷心極了，但沒有表現出來。男孩反過來問女孩：「如果某一天我和別人結婚了，妳會怎麼辦？」女孩不加思索地說：「我會很傷心，可能這一輩子都會很痛苦。」

男孩知道了女孩真的很喜歡他，很想要和他在一起。

就在男孩以為女孩會對他死心塌地時，卻傳來了一個不幸的消息—女孩和別人結婚了。

男孩不明白，經打聽，那個人很愛女孩，他是以結婚為前提和女孩交往的，不像男孩，女孩苦苦哀求了這麼長時間，男孩都沒有答應和她步入婚姻的殿堂。

這時候，男孩才知道他也愛著女孩，只是女孩成了別人的新娘，他不禁流下後悔的眼淚。

女孩並不知道男孩是否喜歡她、愛她，當看到男孩再見到她時露出失望的眼神，女孩才知道，男孩也喜歡著她，只是此時已經和男孩不可能了，女孩也默默地流下了眼淚。

女孩知道，男孩此時需要別人的關愛，只要她回到男孩的身邊，男孩就會深愛著她。但女孩不想傷害她的丈夫，思來想去，始終沒有去關心男孩。男孩絕望極了，很後悔當初錯過了這一段姻緣。如果讓時光倒流，他會緊牽住女孩的手，說：「我們結婚吧！」只是這些已經不可能了，男孩的心很失落。

可見，眼神流露出失望並不是絕望，很多時候是渴望再一次得到關懷。不明白這一心理密碼，無動於衷的話，只能和對方擦肩而過了。

舉止不俗的人值得託付或結交

在古代，有一位姓張的女子，她在南北朝的戰亂中流落到長安，被賣入司空楊素府中當歌妓。由於她手執紅色拂塵，被別人稱作紅拂女。

在當時的太原，有一個文武兼備的才子李靖。李靖精通兵法，胸懷大志，隋朝建立以後，決定到長安謀取發展。

在長安，看到名流薈萃，李靖真不知如何才能找到施展才能的機會。而恰巧此時，他路過楊素的門前。看到李靖憂心忡忡的樣子，楊素就知道他有心事，再看看他器宇軒昂，楊素馬上決定把李靖納入自家的門下。

李靖非常欣喜，遂進入楊府。

在楊府中，李靖和楊素秉燭長談，楊素更為李靖的深謀遠慮所欽佩。

第二天，紅拂女來服侍楊素，看到楊素身邊有一個陌生人躺在那裡非常吃驚。紅拂女仔細打量了李靖，發現他與旁人不同，馬上對李靖有了愛慕之情。

無奈李靖和楊素都因為昨晚困倦睡著了，在到楊素的房間一段時間後，紅拂女就退下了。

接下來，紅拂女一直注意李靖，發現他的確和別人行為舉止不同，大有君子氣度、王者風範。於是，紅拂女暗中跟著李靖，來到他的住處後，因李靖家中的擺設感到驚奇，雖然家裡很窮，但錯落有致。紅拂女更認為李靖是英雄俠義的人物了。

李靖並沒有注意到紅拂女的跟隨，在脫下外衣後，獨坐在燈前，細細一聲長嘆，是對未來的迷茫啊！

這時候，紅拂女走了過來。李靖大吃一驚，問她是誰。紅拂女說他們共同侍奉於楊素門下，如果李靖願意，她願意跟隨李靖。

李靖沉靜了下來，看到紅拂女體貼、溫婉，覺得有必要接受美人的好意。但恐怕無法向楊素交代，就對紅拂女說：「我們都是投身於楊素門下，萬一這樣，會得罪司空府的。」

紅拂女笑說：「男子漢大丈夫應有長遠的考慮，應志在四方，我相信你不會為了這一點耿耿於懷的。況且近來府中逃走的侍女不少，少了我一個，司空府也不會追究的。」

李靖也開始傾慕於紅拂女的言談舉止了，既然美人願意奉獻一生，又有共同的話題，就連忙點頭應允。

於是，李靖與紅拂女決定私奔，扮成了商人，離開了長安。

他們一路跋涉，在一處客棧歇腳時遇到了另外一個舉止不俗的人。李靖、紅拂女都為那個滿臉虬髯的人所欽佩。雖然他貌似粗鄙，但隱藏在相貌之後的是一種不凡的氣質，紅拂女、李靖就決定與他結拜。

虬髯客當然很高興。

接著，他們三人來到了汾陽，見到了李淵與李世民。交談之後，李靖與李世民頓覺得相見恨晚，可是虬髯客卻說：「既有真主在此，我當另謀他途。」

幾天後，長安城傳來楊素的死訊，李世民請他們三人到府中商議，紅拂女、李靖前往李府，虬髯客卻覺得這不適合他的發展，就沒有去李府。

後來，李靖、紅拂女留在李世民身邊，虬髯客卻離開了。

在以後的日子裡，紅拂女對李靖體貼入微，李靖也對紅拂女愛護備至。李靖日夜苦讀兵法，軍事才幹繼續增長。在李淵父子起兵後，即幫助李淵父子平定了江南，建立了大唐並攻打突厥、活捉頡利可汗，被封為衛國公，而紅拂女也自然成了一品夫人。他們的朋友虯髯客已經富甲一方，在李靖兵難的時候，還帶一支兵馬救了李靖。後來還聽說，虯髯客殺入海中扶桑國，滅其政權並自立為帝。

※　　※　　※

可見，舉止不俗的人值得託付和結交，他們與別人不同，自有比別人出眾的道理。

想當初，富家小姐王寶釧要下嫁給平民薛平貴，就是看中了他的不俗，才會心甘情願跟隨他，與父親王允三擊掌斷絕父女關係，在寒窯裡守了十八年，最終和薛平貴的愛情被傳為佳話。

還有，東晉大書法家王羲之，在年輕的時候，雖然是坦腹臥於東床，但王府比他英俊的人也大有人在，太傅郗鑒卻偏偏選中了他，將眉清目秀、聰明伶俐、妙齡待嫁的愛女郗璿嫁給他，因為太傅郗鑒看到了王羲之的不俗舉止和流露出來能成大事的氣質。

所以，都要有良好的識人眼力，那些談吐不俗的人和那些懶散怠慢的人注定會有不一樣的結果。

要從他的言談舉止看出他是一個什麼樣的人，然後決定是否與他深交。

不停聯絡你的人喜歡你

兩個人從相知到相戀，再到走入婚姻的殿堂，最終白頭偕老便是一段佳話。當我們還沉浸在對愛情的憧憬中，有的人卻在我們相遇後消失了。那些消失無蹤的人可能已決定和你劃清界限，那些後來又主動聯絡你的人，他還是喜歡你、在乎你的。

下面就「再聯絡你的人」作進一步的剖析：

❖ 若干年後再與你聯絡是不想忘卻這一段感情

有時我們失戀了或者分手了，但是若干年後會再一次相聚，雖是沒有再見的機會，但還是提起電話聯繫對方，問對方過得是否還好、最近如何，這一類人是不想忘卻這一段感情，不想抹掉生中帶給他快樂和傷感的人。

❖ 主動聯絡是因為在乎你、不想失去你

一旦兩個人之間產生了隔閡，公說公有理，婆說婆有理，都不願意主動道歉，化解之間的衝突，一旦這樣，就難免慢慢成為陌生人。那些主動聯絡你的人是在乎你的，並不想失去你。尤其是那些很少主動的人，如果某一天他對你主動了，就要注意了，他真的很在乎你、喜歡你、愛你。

❖ 不停聯絡你的人喜歡你，但不一定愛你

如果一個人和你認識不久就不停聯繫你，那麼很開心的告訴你，這個人喜歡上你了。無論你是否對他有感覺，他不停聯繫你是真的喜歡你，但要注意這種喜歡是否能長久，有的人只是三分鐘熱度罷了，這種喜歡難以談得上是愛。愛並不在於轟轟烈烈，一日三餐、粗茶淡飯也就值得珍惜。且不停聯繫你的人有可能會打擾到你的生活和工作，讓你開始厭煩他。如果一個人真的愛你，他不會去打擾你工作和生活。

❖ 聯絡你時總說一些想你話表示在乎你

在愛情之中，並不是你喜歡對方對方就會喜歡你，你不喜歡對方對方就不喜歡你。當對方喜歡你時，他會主動聯絡你，而且會說想你。但這些要先確保是否有戀愛關係，以免有人想到你的時候才聯絡你，說想你卻是在騙你。

❖ 你主動聯絡，他長久不回覆，表示他不在意你

有時候我們無怨無悔地付出了，對方卻無動於衷，即便對他的愛很深，如果他從來不予以回應，那麼建議你放棄吧！這樣的堅持很少會有好效果。

來看一則故事：

思容在國中時喜歡上了一個男孩，那個男孩除了長得陽光、俊朗之外，他的才華、他的氣質深深讓思容著迷。可惜落花有意，流水無情，思容暗戀了這個男孩好幾年。後來他們大學了在不同的城市，便失去了聯繫。

幾年後，他們都畢業了，也在不同的城市工作。男孩卻無意間接到了陌生人的電話，接通後才知道是多年前的國中同學。思容在電話裡並沒有說自己喜歡男孩，而是問男孩是否過得如何，男孩過得好她就覺得心裡安慰了很多。

就這樣，思容從來沒有向男孩表白，她也知道男孩不會喜歡她，只是男孩那麼優秀，她每隔一段時間都會聯繫男孩，即便他不予回應，思容還是耐心等待，守候著一片天空。後來思容嫁為人婦了，過著相夫教子的生活，男孩還是單身。思容這時知道她和男孩已經不可能了，便主動決定幫男孩牽線，把所認識最優秀的女孩介紹給男孩。在她的心中，只要男孩幸福就是她最大的幸福，即便不能和男孩相伴一生，有這一個值得牽掛的人也就足夠了。

在愛情中，並不是你喜歡對方就會和對方成為佳偶。如果一個人真的喜歡另一個人，他不會開誠公布說「我喜歡你」，除非是那些性格豪放的人之外。他會默默地祝福著你，不會失去與你的聯繫，偶爾會騷擾你一下，但從來不會說愛你、要和你在一起。這一類人不該錯過，他不想失去我們，我們也不要失去他，彼此才會留下永久、美好的回憶。

女友舔嘴唇的心思

你是否注意到了女友舔嘴唇的心理密碼，她的嘴唇動作可隱藏著不少祕密。仔細觀察，你就能發現其中的祕密了。

簡要介紹幾種：

❖ 抿唇表示壓力大

在一個人壓力特別大的情況下，往往會藏起或拉緊嘴唇。比如，很多出庭證人都經常這樣做。當一個人擠壓嘴唇時，大腦在告訴他：閉緊嘴，別讓任何東西進入到身體裡，這充分表明這個人感到憂慮。當一個人的嘴唇完全被藏起來，嘴角下拉時，他的情緒與自信完全跌至谷底。

❖嘟嘴唇表示不贊同

一般來說，嘴唇縮攏是為了防止自己說什麼不好的東西出來，而同時嘟出來的嘴唇則彷彿是要拒絕什麼。因此，當你說話時，別人做出嘟嘴唇的動作時，就說明他不同意你講的內容，或者正在醞釀轉換話題。

❖舔嘴唇是在安慰自己

當一個人感覺不自在時，會反覆用舌頭摩擦嘴唇，藉此自我安慰，並讓自己鎮靜下來。不過，在約會時，當女朋友注視著男朋友時舔嘴唇，這很可能是女朋友為了引誘男朋友而故意表演出來的動作。

下面就「女孩舔嘴唇是在誘惑男人」做進一步的剖析：

有一段談話，一個人說：「在約會時，又沒有在吃飯，女朋友突然對著我舔了一下嘴唇，把我嚇了一大跳。她到底想幹什麼？是不是想吃飯了啊？」另一個人說：「舔嘴唇並不一定暗示食慾，在約會時，如果女友注視著男友舔嘴唇的話，很可能是為了引誘男朋友而故意表演出來的。」

有一則故事：

靜宜是個乖巧害羞的女孩，長得清秀可人。不久前，朋友幫她介紹了一位男朋友。他長得人高馬大，戴著眼鏡，看上去憨厚老實。靜宜覺得對方跟自己很相像，就答應他，談起了戀愛。

靜宜知道男友憨厚老實，卻不知道他如此憨厚老實。在約會時，男友從來沒跟她有任何親密舉動。眼看交往半年了，男友從沒牽過她的手，只是常常走在她的左邊，也很少言語。這讓靜宜難以理解，總覺得眼前這個男人就像一塊呆木頭。

有一天，心煩意亂的靜宜跟好友聊天時就聊到了這件事。好友一聽也備感鬱悶，於是就建議說：「這樣吧！妳不妨誘惑他一下，看看他有沒有什麼反應？」

「那不行，怎麼能做這種事呢！」靜宜一聽，立即擺了擺手說。

好友詭異一笑，便讓她湊過耳朵來說：「妳想錯了，我說的誘惑並不是妳想的那種，我是說妳跟他約會時，不妨注視著他並舔一舔嘴唇。這樣他就知道妳的心理了。」

「真的嗎？」靜宜驚訝的問。

「不妨試試。」好友建議說。

終於，靜宜打扮得非常漂亮，早早地來到了約會地點。兩人逛了一會兒後，就去一家餐廳吃飯。他們面對面地坐著聊天。靜宜注視著男友，突然舔了一下嘴唇。

男友注意到了靜宜這一動作，心裡感到莫名其妙，便猜想她想幹什麼。剛吃過飯，她不可能是想吃飯了。想來想去，男友也沒有想出所以然來。

靜宜見男友一點表示也沒有，以為男友根本不喜歡她，便生氣的離開了，留下一臉錯愕的男友。過了一段時間後，靜宜才從一個朋友口中得知，不是男友不喜歡她，而是男友見她太單純了，害怕自己的舉動會嚇著她。

可見，有必要明白女孩舔嘴唇是誘惑男友，不明白這一點，女孩就會生氣了。

而美國作家朱利葉斯．費斯特（Julius Faster）認為，人用舌頭舔嘴唇的動作起源於動物梳理毛髮。一般來說，貓、狗會用舌頭舔自己或其他同類的毛髮，用舌頭幫異性同類梳理毛髮的動作，是動物之間的「愛情」表現，也是發情期交配的一種前戲。牠們在受到性慾的刺激後，用舌頭舔點什麼，做出一副玩味的樣子。這對動物來說，是一種本能的表現。因此，對人來說，也是想要什麼的一種本能表現。

一般來說，在特殊的情況下，女朋友注視著男朋友舔嘴唇的話，那麼很可能是為了引誘男朋友而故意表演出來的。比如，用舌頭舔紅酒杯的杯緣，或者在撒嬌時伸出舌頭舔嘴唇，都是在引誘男朋友。

我們有必要明白女孩的這一心思，知道她想幹什麼，不然就會惹得雙方不快了。

性情奔放的暗示動作

在遇到中意的男性時，女性會無意間地展示自己的「挑逗」動作，以便贏得對方的青睞。

下面具體看一下女性這些奔放性的暗示動作：

❖ 有意提起肩膀，並朝著肩膀的方向凝視

在面對自己感興趣的男性時，女性會故意將自己的肩膀提起，並會朝著肩膀的方向凝視，一旦發現到了對方注意到自己，就會迅速地將目光移開。

❖ 扭動屁股吸引對方的目光

由於生理上的原因，女性的臀部比男性的臀部要寬一些，雙腿之間的胯溝比男性的要大一些，在走路的時候，女性會透過臀部的扭動來吸引異性的目光。這可在一些廣告中看到，為了是要觀眾記住她們所代言的產品。

❖ 甩頭和輕撫頭髮，女性面對心儀對象時使用頻率最高的動作之一

女性在面對自己喜歡的男性時，會輕輕地擺動幾下頭部，並會用力地把自己的頭髮

從肩膀或臉部甩到後面去。而一些短髮的女性，在面對自己中意的男性時，也會情不自禁地做出這種動作。

女性做出這一動作一則是給男性留下印象，另一則是吸引男性的注意或好感。

❖ 在遇到感興趣的男性時，會不自覺露出手腕展示給對方看

如果女性做出這一動作，那麼就表示她對面前的男性感興趣，如果興趣越來越濃，向對方露手腕的頻率也會隨之增加。女性之所以會這麼展示，是因為認為她們的手腕是最性感、最吸引男性目光的部位。

如果是抽菸的女性，做這一動作就顯得很容易，這樣會顯得既優雅，又會凸顯自己的女性特徵。要是在手腕上再噴上香水，在做這一動作時會由於脈搏的跳動致使香水味散發到心儀的男性那邊，使對方注意到自己。

❖ 把手提包放在心儀的男士較近的位置，是主動求愛的一種訊號

科學家認為大多數的男性是不會輕易觸碰女性的手提包的，更何況手提包是女性的私人物品，但要注意了，如果女性主動把手提包放在離某位男性較近的位置，那麼表示她對這位男性有好感了。如果有很大的興趣的話，她會撫摸或擺動著手提包，

也可能會讓心儀的男士幫她從手提包裡拿一些東西。如果女性把手提包放在男性能夠看得見、夠得著的地方，就是一種強烈的求愛訊號，不僅是有興趣，還有可能是一見鍾情。

❖用膝蓋對著喜愛的男性

女性在做這一動作時，會把一隻腳收攏，並壓在另一隻腳下，把收攏的那隻腳的膝蓋對向自己愛慕的人，有可能還會露出白己的大腿，這樣做會顯得放鬆，在與心儀的男性交談的時候也會感到自然。

❖微張溼潤的嘴唇能增加性感和嫵媚

在青春期時，男性的面部骨骼結構會產生巨大的變化，而女性的不會變化太大，同時會擁有更多的皮下脂肪，尤其是唇部顯得更加飽滿。女性如果微張溼潤的嘴唇，會凸顯自己的性感和魅力，同時是為了獲得男性的青睞。

男性有必要注意女性這些愛慕的動作暗示，才能知曉對方這些動作所傳達的心情，進而決定和對方下一步如何溝通和交往。

有異常舉動之人的心理

在愛情中，對方常常會不知所措，也常常會出乎我們的所料，對於這些突然的現象，他有著什麼樣的心理呢？

看看以下幾種情況：

❖ 來回踱步、不停搔頭抓耳表示他此時正著急，不知如何答覆你

當你和戀人之間產生了糾結，他不知如何好好處理的話，便會在那裡來回踱步，不停地搔頭抓耳，此時，要讓他靜下心來，冷靜地處理和你之間的問題。

❖ 一個你認為不喜歡你的人，忽然對你大獻殷勤，表示有求於你

喜歡要靠緣分，如果一個人長時間對你愛理不理、和你之間保持著距離，忽然有一天他對你大獻殷勤，要搞清楚他是否有事求你、這些殷勤是否只是短暫的，等他達到他的目的後可能就會露出原來的面目。我們有必要搞清楚，不然被冷一陣熱一陣，心裡也會不自在。

❖ 你追求他不得，他忽然對你很熱情，代表他有可能「回心轉意」了

如果對方是一個有良好信賴度的人，就不應擔心他的人品問題，往往這些優秀的人物不乏追求者，當你追求他不得，忽然有一天，他不再對你冷冰冰了，要知道，他可能接受你的愛了。畢竟他心裡清楚誰是最適合他的，誰對他最好，他也知道，如果錯過了這個最有緣分的人，即便將來會遇到更多，也會因為曾經沒有珍惜而懊悔了。

❖ 有個人喜歡你，忽然有一天不再理你，要知道出了什麼問題

一開始他對你甜言蜜語，今生只和你在一起，忽然有一天他消失了，竟像在人間蒸發了一樣，要知道是什麼原因了，他可能是迫於其他的原因不得不放棄和你之間的感情，也可能是另攀高枝了。如果他長時間地不給你解釋，那麼放棄吧！因為堅持到最後只會是你一廂情願。

下面就「有良好信譽的人忽然對你有異常的舉動」舉一個故事：

在意婷的心中，祐誠一直是一個很優秀的「大木頭」，忽然有一天，祐誠向意婷擠眉弄眼，傳達著情意，這讓意婷無法理解，祐誠是怎麼了？是受刺激了，還是精神不正常了？但接著幾天，意婷都會看到祐誠異常的舉動，以前祐誠那種老實、安分守己的形象在意

婷心中蕩然無存了。意婷一直搞不懂，祐誠到底是怎麼了。祐誠這樣暗示見意婷無動於衷還暗自琢磨，實在是傷透了腦筋，不得不找意婷當場說清楚：「妳不知道我喜歡妳嗎？」

意婷嘴巴張大，說：「你喜歡我？你怎麼會輕易喜歡人呢？而且喜歡你的女孩也不在少數，你從什麼時候開始喜歡我的？」

祐誠說：「妳真有點不太聰明哦！前幾天我不已經向妳表明了嗎？妳沒看到我的眼神、我的動作不正常嗎？」

意婷說：「我以為你神經病呢？哦，原來是這麼一回事啊！」

祐誠說：「最近一段時間我發現我喜歡上妳了、愛上妳了，可是我不敢明目張膽地向妳表白，因為在妳的心中，我一直是一個很老實的大木頭，所以我透過各種方式暗示妳，只是妳不太聰明，一直沒有明白我的心意。當我的女朋友好嗎？」

其實，意婷對祐誠一直有好感，也到了論及婚嫁的年齡，聽祐誠這麼說，便點頭答應了。

有時候，別人對我們大獻熱情，會讓我們不知道是怎麼一回事。這時候，不要裝傻了，他可能是喜歡上我們了，只是還沒有到達表白的時刻。我們不要再納悶了，一個很優秀的人對你有這樣異常的舉動，很顯然是他看上你了。

當然，對於那些本來你不熟悉或花心的人，即便他再熱情也不要為之動容，小心他把你引上鉤，最終讓你後悔不已！

只說不做就是食言

人們往往會說一些虛情假意的話，尤其是那些說很愛你、要永遠和你在一起卻從沒做到的人。面對這樣的人，我們有必要清醒，不要被他們的冠冕堂皇的理由給欺騙了。那麼，如何確定某些人是否在說著言不由衷的話呢？

可以透過以下幾個方面去考察：

❖ 說要來看你但一直延期的人在食言

如果某個人說明天去看你，但到了明天他又把日期往後推了一天。你又耐心地等了一天，但他又繼續往後推。這時候就要明白了，如果某個人總是以各種理由搪塞你，那麼，他是在說著虛情假意的話，可能心中根本沒有你，只是還不想和你快刀斬亂麻，說著違心的話罷了。

❖ 說會去看你，但在你意想不到的時候來到你身邊的人很愛你

有的人說會去看你，但不能在一天兩天內就來到你的身邊，他們往往說是在一年後或者多年後會來到你身邊。這樣的人有可能是在虛情假意，但大部分的人都是真心

實意的。要知道，愛情要能耐得住寂寞和冷落。說不定就在你對他絕望時，他帶著驚喜回到了你的身邊，這時候，他就可能不會再離開你了，如果他待了兩三天就要離去，說明他很可能不愛你，如果他要和你一起過日子，或者要帶你離開過更好的生活，這一類的人往往是很在乎你的。關鍵是要看他的人品和德行，如果他是那種隨口許諾的人，他很可能是在欺騙你的感情，如果他穩重、真誠，不用懷疑，他非常愛你。

❖ 從來不說愛你的人可能永遠不會愛你

一個人如果喜愛另一個人，他會說出口的，不會讓對方一直等下去。當你和他之間確定了關係之後，他從來沒有說一句愛你的話，可能他真的不會在乎你，他和你在一起只是迫於某些方面的原因。如果某個人總在你身邊說愛你，這時候也要分清，你是否能夠感受到愛的溫暖，如果感受不到，他只是在用花言巧語迷惑你，如果倍感溫馨，說明他真的喜歡著你。

❖ 愛一個人不會輕易許下承諾

如果某個人經常說著「海枯石爛」的承諾，這時候，不要感動，即便是「天崩地裂」

也和你無關，他之所說那些不著邊際的人話，是為了牽住你的心，這類人往往沒有實際行動，只是哄得你開心卻內心空虛罷了。要知道，愛情不是甜言蜜語，是要能耐得住每日三餐的粗茶淡飯。如果某個人從不說驚天地動鬼神的話，卻甘願和你過著平淡的生活，那麼，這個人很愛你，那些總愛天南地北發誓的人往往不是真正愛你。

❖ 說錯話馬上向你道歉的人可能在騙你

那些人往往嘴比較甜，為了討你的歡心，在說錯了話會馬上向你道歉，讓你經常沉浸在甜蜜之中。然而，就在你還享受著那些感動的話語時，他卻毫不留情地離開你，他的理由很簡單，就是他不愛你、不喜歡你了，可是曾經的海誓山盟都怎麼辦呢？無非是過眼雲煙。那些總會討你歡心，看到你不高興就哄你高興的人，往往是一時對你感興趣，如果時間能過一年，說明他真的在乎你，如果這個月對你很好，下個月對你冷漠，毋庸置疑，他是在欺騙你，並不是真正愛你。

下面，簡要介紹「常說去看你，卻從沒去看你的人」的心理：

有一則對話，一個人說：「我的男朋友在高雄，我在臺北，他說他會經常來看我，但是，我等了一日又一日，他始終沒有來找我。我問男朋友是什麼原因時，他說最近工作很忙，明天就來看我。但是，他這樣的話說了一遍又一遍，我現在都不敢相信男朋友的話了。我不知道這段感情是否還應該繼續。」另一個人說：「那些說『明天去看你』卻食言的人，大多數沒有正當的理由，只不過是為敷衍你。如果仔細觀察，可以發現，那些以『明天去看你』為理由搪塞的人往往言不由衷，不會說到做到。面對這一類人，千萬不要被他們冠冕堂皇的理由給矇騙了，以免等來等去卻等個枉然。」

還有一則故事：

祐瑄和子原大學時是一對很甜蜜的情侶，只是大學畢業後，祐瑄去花蓮工作，子原則去臺南工作。分隔兩地，兩人都不習慣，希望能早一日在一起。子原經常會對祐瑄說：「別著急，寶貝，我明天就去看妳。」祐瑄信以為真，但是她等到了明天，子原卻以其他的理由拒絕去花蓮。祐瑄以為子原真的很忙，沒有時間來花蓮，可是，她忍不住對子原的思念啊！日日等夜夜等，就是不見子原來看她。而且在特別的日子，如情人節、聖誕節，子原往往都會以各種理由搪塞她。祐瑄覺得奇怪：到底是什麼原因，子原總會食言呢？滿懷著疑慮，祐瑄一個人到了臺南。她想給子原驚喜，也想看看子原到底為什麼這麼忙。然而，祐瑄看到子原在咖啡廳裡和另一個女生喝咖啡時，她頓時呆住了，不相信眼前的一切。她揉了揉雙眼，又看到子原和那個女生手牽著手走出了咖啡廳。不肯相信還想確認的祐瑄打電話給子原，問：「你在幹什麼呢？」子原說：「我在上班呢！親愛的。」聽了這一句話，祐瑄的心涼透了，掛斷了電話，一聲不響的離開了。

祐瑄在再次回到花蓮後，猜想她和子原的戀情會不告而終。果然，一個月後，她接到了子原的電話，子原告訴她他已經不愛她了。祐瑄沒有表現出震驚，而是淡定的喝了一杯茶，繼續工作。

從此，祐瑄再也沒接到子原的電話，顯然子原已經有新女朋友了。這時，祐瑄苦笑著告訴自己：「每次都說『明天去看你』但食言的人都只會找理由，我現在不相信那種人了，以免心存著希望到最後卻成了失望。」

可見，常說去看你卻沒有去看你的人在食言。

而這類食言的人很多，主要是他們說到做不到罷了。要知道，如果愛一個人就不會找各種理由來搪塞。

那些一再只說不做的人，往往是不再感到興趣了，就開始敷衍。卻不知，無心地說出了那些話，對方卻信以為真，讓對方苦等，最後卻沒有結果。

為了不被欺騙，我們要學會識破愛情中的謊言。發現他的那些心理密碼，就不能再輕信他了。

電子書購買

國家圖書館出版品預行編目資料

內心全方位觀察中，臉上在微笑，心裡在尖叫：從瞳孔到腳尖，你全身上下都是破綻！一本書破解對方每個瞬間的心理密碼 / 佳樂，許奕廷編著．-- 第一版．-- 臺北市：崧燁文化事業有限公司，2022.07

面；　公分

POD 版

ISBN 978-626-332-456-5(平裝)

1.CST: 行為心理學 2.CST: 肢體語言

176.8　　111009077

內心全方位觀察中，臉上在微笑，心裡在尖叫：從瞳孔到腳尖，你全身上下都是破綻！一本書破解對方每個瞬間的心理密碼

臉書

編　　著：佳樂，許奕廷

封面設計：康學恩

發 行 人：黃振庭

出 版 者：崧燁文化事業有限公司

發 行 者：崧燁文化事業有限公司

E-mail：sonbookservice@gmail.com

粉 絲 頁：https://www.facebook.com/sonbookss/

網　　址：https://sonbook.net/

地　　址：台北市中正區重慶南路一段六十一號八樓 815 室

Rm. 815, 8F., No.61, Sec. 1, Chongqing S. Rd., Zhongzheng Dist., Taipei City 100, Taiwan

電　　話：(02) 2370-3310　　　**傳　　真**：(02) 2388-1990

印　　刷：京峯彩色印刷有限公司（京峰數位）

律師顧問：廣華律師事務所 張珮琦律師

定　　價：350 元

發行日期：2022 年 07 月第一版

◎本書以 POD 印製